NOTICE

SUR

M. A.-P. JOUYE

DE TOURS — (INDRE-ET-LOIRE)

CHEVALIER DE LA LÉGION D'HONNEUR

ET DÉCORÉ DE DEUX MÉDAILLES D'HONNEUR EN ARGENT

PARIS

IMPRIMERIE MORRIS PÈRE ET FILS

RUE AMELOT, 64

1880

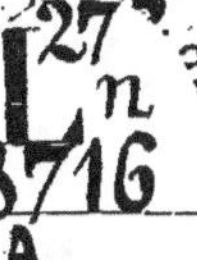

NOTICE

SUR

M. A.-P. JOUYE

DE TOURS — (INDRE-ET-LOIRE)

CHEVALIER DE LA LÉGION D'HONNEUR

ET DÉCORÉ DE DEUX MÉDAILLES D'HONNEUR EN ARGENT

PARIS

IMPRIMERIE MORRIS PÈRE ET FILS

RUE AMELOT, 64

1880

NOTICE

SUR

M. A.-P. JOUYE

CHEVALIER DE LA LÉGION D'HONNEUR
ET DÉCORÉ DE DEUX MÉDAILLES D'HONNEUR EN ARGENT

Monsieur Jouye (Auguste-Pierre), né à Tours (Indre-et-Loire), le 8 mars 1809, est fils d'une honorable famille de cette ville. Son père, ancien militaire, après avoir fait toutes les campagnes de la première République, obtint son congé le 8 fructidor an X, rentra dans sa famille et prit la suite de l'établissement de son père, teinturier-imprimeur.

A l'âge de douze ans, M. Jouye, Auguste Pierre, fut retiré de l'école et commença son apprentissage chez son père; il employait toutes ses soirées à suivre l'école de dessin de la ville, dirigée par M. Raverot, et, durant plusieurs années, il y remporta des prix.

N'aimant pas l'état de son père, il entra, à quatorze ans, comme dessinateur, dans les bureaux de M. Fanot, géomètre en chef du cadastre du département d'Indre-et-Loire, et il employait ses soirées à suivre un cours de géométrie. Le cadastre du département touchant à sa fin, M. Fanot congédia plusieurs de ses employés à la fin de

1826, et M. Jouye fut du nombre; quelques jours après, il entra chez M. Guérin, architecte de la ville de Tours. Il avait alors dix-sept ans et demi.

Il y resta jusqu'en juin 1828. Dans cette période, le Conseil municipal, voulant dégager le *Mail*, qui est la plus belle promenade de la ville, et qui était alors renfermé, d'un côté, par des murs de clôture de propriétés privées, et, de l'autre, par les remparts de la ville, pria M. Guérin d'établir le plan d'une voie publique du côté des propriétés. Après l'expropriation prononcée, M. Guérin chargea M. Jouye, son employé, d'en faire le tracé sur le terrain et d'en conduire les travaux pour l'entière exécution de cette nouvelle voie publique, qui aujourd'hui porte les noms de *Heurteloup* et *Béranger*.

M. de Surville, ingénieur en chef du gouvernement, fut chargé par le ministre du Commerce d'étudier et de faire les plans et devis du projet d'un canal latéral au fleuve de la Loire, depuis Orléans jusqu'à Nantes (365 kilomètres de long).

Cet ingénieur chargea MM. Lacroix, Chartier et Léopold, conducteurs de 1ʳᵉ classe des Ponts et Chaussées, d'aller sur le terrain lever les mouvements du sol, pour établir le plan d'ensemble du nivellement du parcours dudit projet; à cet effet, il leur adjoignit M. Grimault, géomètre, pour faire sur le terrain le tracé des lignes de nivellement suivant le plan qu'il en avait reçu, et sur lequel MM. les conducteurs prenaient les cotes du mouvement du terrain. Arrivé à Tours, M. Grimaud, pour raisons de famille, fut obligé de rentrer à Paris, et ces messieurs, se trouvant sans géomètre, proposèrent à M. Jouye de le remplacer. Après instructions et conditions, M. Jouye accepta; il reçut sa nomination de M. l'ingénieur en chef de Surville, et partit le 20 juin 1828 avec MM. les conducteurs. Vingt mois après arriva l'époque du tirage au sort de la classe de M. JOUYE ; et, comme il se trouvait dans le département de la Loire-Inférieure, son père le représenta et amena pour lui le numéro 24.

A la fin d'avril 1830, étant à Nantes il fut obligé de venir à Tours passer la révision ; trouvé bon pour le service et n'ayant aucun moyen d'exemption, il se décida à devancer l'appel de sa classe et envoya sa démission à l'Ingénieur en chef.

Le 21 juin de la même année, il fut incorporé au 16ᵉ régiment d'infanterie de ligne en garnison à Tours, comme jeune soldat de la classe de 1829, et après sept années passées au service militaire, étant en garnison à Strasbourg, il reçut, le 31 décembre 1836, un congé illimité, et quitta le régiment avec les galons de sergent-major, pour rentrer dans sa famille. Le 31 décembre 1837, il reçut son congé définitif.

(Copies de son congé et de deux certificats qu'il reçut en quittant le régiment.)

Congé définitif

ROYAUME DE FRANCE

1ʳᵉ DIVISION MILITAIRE · PLACE DE PARIS

16ᵐᵉ RÉGIMENT D'INFANTERIE DE LIGNE

Je soussigné, commandant le dépôt de recrutement et de réserve du département de la Seine, certifie avoir délivré le présent congé définitif du service, au sieur JOUYE (Auguste-Pierre), sergent-major, en congé illimité, fils d'Urbain-François et de Marie-Thérèse Huchet, domiciliés à Tours, canton du lieu, département d'Indre-et-Loire, cheveux et sourcils châtains, yeux châtains, front haut, nez moyen, bouche moyenne, menton rond, visage ovale, taille d'un mètre 640 millimètres, profession d'employé aux ponts et chaussées, dernier domicile à Tours, canton du lieu, département d'Indre-et-Loire, non marié, lequel a été inscrit comme jeune soldat de 1829 sur les registres matricules du corps sous le N° 6014, le 21 juin 1830, et a terminé dans la réserve le temps de service exigé par la loi.

Le chef de bataillon commandant le dépôt,

Signé : GIBASSIER.

Certifié par le lieutenant-général commandant le département

Signé : D'ARRIULE.

Vu et vérifié, le sous-intendant militaire,

Signé : BONACHIEZ.

Approuvé, le lieutenant-général commandant la division,

Signé : PAJOL.

Fait à Paris, le 31 décembre 1837.

Détail des Services

Arrivé au corps le 21 juin 1830 comme jeune soldat de 1829, du département d'Indre-et-Loire, caporal le 21 janvier 1831, caporal-fourrier le 21 juin 1831, sergent-fourrier le 21 juin 1832, aux voltigeurs le 1er novembre 1832, sergent-major de voltigeurs le 1er mai 1834. En congé illimité le 31 décembre 1836 ; en congé définitif le 31 décembre 1837.

Certificat de bonne conduite

16e RÉGIMENT D'INFANTERIE DE LIGNE

Nous soussignés, membres composant le Conseil d'Administration du 16me régiment d'infanterie de ligne, certifions que le sieur JOUYE, Auguste-Pierre, sergent-major, né le 8 mars 1809, à Tours, canton dudit département d'Indre-et-Loire, cheveux et sourcils châtains, yeux châtains, front haut, nez moyen, bouche moyenne, menton rond, visage ovale, taille d'un mètre 640 millimètres, a tenu une bonne conduite pendant tout le temps qu'il est resté sous les drapeaux, et qu'il y a constamment servi avec honneur et fidélité. Certifions en outre qu'il n'a aucune infirmité apparente ou cachée qui puisse l'empêcher de reprendre du service et qu'il n'est pas marié.

Les membres du Conseil d'Administration :

Le major, Sabrier ; le trésorier, Gascuel ; l'officier d'habillement, Devau ; le capitaine, Barthélemy ; le chef de bataillon, Moureau ; le lieutenant-colonel, de Févlas ; le colonel président, Rostolan.

> Vu : le sous-intendant militaire :
> *Signé :* MARC.

Fait à Strasbourg, le 15 décembre 1836.

Certificat de regret

Nous, sous-officiers, caporaux, tambours et soldats, composant la 6ᵉ compagnie du 3ᵉ bataillon du 16ᵉ régiment d'infanterie de ligne, certifions que le sieur Jouye (Auguste-Pierre), notre sergent-major, nous a toujours administrés avec honneur, probité et bonté, et que nous le voyons quitter la compagnie avec le plus sincère regret.

C'est pour le remercier de tout ce qu'il a fait pour nous que nous nous sommes empressés de lui délivrer le présent certificat, et prier toutes les personnes qui auront des relations avec lui de vouloir bien lui accorder toute la confiance qu'il a toujours méritée avec justice.

> Signé :

Le 1ᵉʳ sergent, Décombe ; le 2ᵉ sergent, Millet ; le 3ᵉ sergent, Reite ; le 4ᵉ sergent, Thierrée ; le sergent-fourrier, E. Saint-Victor ; le 1ᵉʳ caporal, Huant ; le 2ᵉ caporal, Vasseux ; le 3ᵉ caporal, Cuny ; le 4ᵉ caporal, Faugier ; le 5ᵉ caporal. Ternigry ; le 6ᵉ caporal, Dumontier ; le 7ᵉ caporal, Boutigny ;

Suivent les signatures des soldats, au nombre de trente-huit.

> Strasbourg, le 15 décembre 1836.

> Certifié conforme à l'original :
> Le maire de Belleville :
> *Signé :* DESNOYERS

Parti de Strasbourg le 3 janvier 1837, M. Jouye rentra dans sa famille, où il resta quelque temps, puis il revint à Paris solliciter une nomination d'employé d'administration dans un hôpital militaire, ou dans le campement, suite d'une demande qu'il avait faite à son colonel au moment de l'inspection générale de 1836, demande que le colonel, après l'avoir appuyée, avait remise à M. l'intendant général de Neuville; ce dernier lui ayant promis de l'apostiller et de la remettre à qui de droit.

A Paris, M. Jouye vit M. l'intendant général, qui lui fit connaître que ses notes étaient bonnes et que sa demande était au ministère; il lui conseilla de faire des démarches pour activer sa nomination. M. Jouye suivit ces conseils; mais sa nomination se faisant attendre, et ne voulant pas rester plus longtemps à vivre au dépens de sa famille, il entra, en mars 1837, chez M. Greffier, dessinateur, rue Poissonnière, n° 35. Il y resta plusieurs années. Là, il fit la connaissance de M. Décalonne, fabricant de châles, rue de Cléry, 29, et de M. Mercier, également fabricant, rue du Mail, n° 8, avec lesquels il eut d'excellents rapports. Il leur confia qu'il désirait placer huit mille francs, représentant la part égale à celle que son frère et sa sœur avaient eue en dot. M. Mercier les lui demanda; et, ayant confiance en lui, il les lui prêta sans autre garantie que sa signature. Quelques temps après, M. Mercier fit faillite, et M. Jouye perdit ses huit mille francs. Cette perte lui fut très sensible et le rendit bien malheureux, car cet argent était toute sa fortune. Comme consolation, ses parents lui adressèrent des reproches réitérés, que sa con-

cience trouva immérités, sa conduite ayant été irrépro-
chable. Pour comble de malheur, quelques mois plus
tard, M. Greffier ferma sa maison pour se retirer à Lyon,
son pays natal, et M. JOUYE perdit son emploi. Ses
parents lui faisaient souvent part du chagrin que leur
causait la perte de ses huit mille francs et surtout
celle de son emploi. Ils l'engagèrent à venir près d'eux.
Tous ces événements lui firent tant de mal, qu'il ne voulut
pas retourner dans sa famille. Il écrivit à ses parents,
leur disant de ne pas se chagriner, qu'il espérait bien
trouver du travail et arriver à se créer une position plus
heureuse.

M. JOUYE vécut pauvrement pendant plusieurs mois,
postulant toujours un emploi comme ancien militaire lorsqu'un heureux hasard lui fit rencontrer, sur la
place du Château-d'Eau, un de ses anciens collègues du
régiment, le sieur de Corbières, qui, lui, aussi, cherchait
un emploi. « On m'a proposé, dit-il à M. JOUYE, une
« place de dessinateur à la direction des fortifications de
« Paris, rue Joubert, n° 29. Je ne puis remplir cet
« emploi; tu sais dessiner, c'est ton affaire ; va de-
« mander M. Leroux, garde du génie, il te dira ce qu'il
« faudra faire. » M. JOUYE s'y rendit, et, après avoir reçu
les renseignements nécessaires, il adressa, avec des plans
dessinés par lui, une demande pour l'emploi de dessinateur à M. le général Vaillant, directeur des fortifications
de la rive droite de la Seine, demande apostillée par
M. Gouin, alors ministre du commere, qui connaissait bien
la famille du postulant.

En réponse à cette demande, M. Jouye reçut une lettre de M. Dufort , capitaine du génie, aide de camp du Général, le priant de passer à la direction. Le capitaine le questionna sur le travail à faire, et lui parla de sa famille et de sa conduite. M. Jouye lui donna tous les renseignements qui lui furent demandés, en y joignant son congé et plusieurs certificats. Quelques jours après, il recevait une lettre du colonel de Cassière, chef de bureau, lui annonçant son admission à la date du 1ᵉʳ juin 1840. M. Jouye y entra, et ne sortit des bureaux du génie que le 31 mars 1845, lors de la fin des travaux, et parce qu'il était nécessaire de congédier les employés civils.

La lettre lui annonçant cette nomination est égarée, mais elle est mentionnée dans le certificat du général Vaillant, dont il est donné copie à la page 10.

Quoique étant au Bureau du génie militaire, M. Jouye fut nommé par M. le comte de Rambuteau, préfet de la Seine, à un emploi de dessinateur auxiliaire du plan de Paris, travail qu'il faisait chez lui, matin et soir, avant et après ses heures de travail au bureau des Fortifications.

Copie de cet arrêté :

PRÉFECTURE DU DÉPARTEMENT DE LA SEINE

2ᵉ DIVISION   2ᵉ BUREAU

Paris, le 31 mars 1843.

Nous, Pair de France, Préfet de la Seine,

ARRÊTONS :

ARTICLE PREMIER.

A dater du 1ᵉʳ avril prochain, il sera attaché à notre bureau de la voirie, section du plan d'alignement de Paris, un géomètre et un dessinateur auxiliaires.

Art. 2

Le géomètre et le dessinateur auxiliaires seront chargés, dans les formes prescrites par nos réglements ci-dessus visés, tant de l'intérim des géomètres et dessinateurs d'arrondissement, que de tous les travaux que ces derniers n'auraient point accomplis, ou ne pourraient accomplir en temps utile, ainsi que de ceux dont l'urgence et l'intérêt du service exigeraient une exécution immédiate.

Art. 3

Le géomètre et le dessinateur auxiliaires seront payés par un tarif arrêté par nous le 30 juin 1842.

Art. 4

M. Jouye, dessinateur attaché à la direction des fortifications de Paris (rive droite), est nommé dessinateur auxiliaire.

Fait à Paris le 31 mars 1843.

Signé : Cte DE RAMBUTEAU.

Pour extrait conforme,

Le Maître des Requêtes, secrétaire général de la Préfecture,

Signé : DE JUSSIEUX.

Le 12 juin 1844, M. JOUYE se maria à Belleville (Seine), où il prit son domicile rue de la Mare, n° 105 (place de Ménilmontant).

En janvier 1845, il fut incorporé dans la compagnie des voltigeurs du bataillon de la garde nationale de Belleville.

Voir, à la page 54, le certificat de M. le commandant Bouton, constatant son entrée dans la garde nationale.

Le 31 mars 1845, il quitta le bureau du génie, et reçut du général Vaillant le certificat suivant, écrit en entier de sa main :

Je soussigné, Maréchal de camp, Directeur des travaux de fortification de Paris, sur la rive droite de la Seine, déclare que M. Jouye (Auguste-Pierre) a travaillé dans mes bureaux et sous mes yeux depuis le mois de juin 1840 jusqu'à la fin de mars 1845, et que son zèle pendant tout cet intervalle de temps ne s'est jamais démenti. M. Jouye, presque constamment employé comme dessinateur, a fait preuve de capacité et d'aptitude et s'est toujours bien acquitté de la tâche qui lui était confiée. Je me plais à reconnaître que la conduite et le caractère de M. Jouye n'ont donné lieu qu'à des éloges, et je désire que le témoignage que je lui donne aujourd'hui de ma satisfaction pour ses services puisse être utile à cet employé, sur le dévouement et l'activité duquel on peut compter en toute circonstance.

Paris, le 31 mars 1845.

Signé : Général VAILLANT.

En marge est écrit ceci :

L'avancement de nos travaux et la nécessité de congédier nos employés civils sont les seules causes du départ de M. Jouye.

Paraphé : V.

Dans la même année 1845, quittant le bureau des fortifications, M. JOUYE ouvrit chez lui, pour le public, un cabinet de géomètre-dessinateur, tout en conservant son emploi au plan de Paris.

Le 14 août 1844, un arrêté du Préfet le désigna en remplacement de M. Davioud, dessinateur, pour remplir ses fonctions.

Copie de cet arrêté :

PRÉFECTURE DU DÉPARTEMENT DE LA SEINE

2ᵉ DIVISION   2ᵉ BUREAU

Nous, Pair de France, Préfet de la Seine,

Vu la demande qui nous a été adressée par M. Davioud, dessinateur attaché au service du plan de Paris, à l'effet d'obtenir un congé de quinze jours à partir du 15 de ce mois,

Vu le rapport du chef de la 2ᵉ division.

ARRÊTONS :

ARTICLE PREMIER.

Il est accordé à M. Davioud un congé de quinze jours à dater du 15 de ce mois.

ART. 2.

Pendant l'absence de M. Davioud, les fonctions de ce dessinateur seront confiées à M. Jouye, dessinateur auxiliaire.

ART. 3.

Ampliations du présent arrêté seront adressées à MM. Davioud et Jouye.

Semblable ampliation sera transmise au géomètre en chef.

Paris, ce 14 août 1844.

Signé : Comte de RAMBUTEAU.

Pour ampliation :
Le Maître des requêtes, Secrétaire général de la Préfecture,
Signé ; de JUSSIEUX.

Le 25 mai 1846, un arrêté de M. le maire de Belleville le nomma agent-voyer de la ville.

Copie de cet arrêté :

DÉPARTEMENT DE LA SEINE
MAIRIE DE BELLEVILLE

Extrait du registre des arrêtés du maire en matière de police, sûreté, salubrité, etc.

L'an mil huit cent quarante-six, le vingt-cinq de mai,

Nous, maire de la ville de Belleville, chevalier de laLégion d'honneur,

Vu notre arrêté, sous date du 19 du présent mois, portant règlement permanent sur le service de la voirie dans notre localité.

Vu encore la loi du 18 juillet 1837, dont l'article 12 met au choix des maires la nomination à tous les emplois communaux pour lesquels la loi ne prescrit pas de mode spécial de nomination.

Attendu que le budget de la ville fixe le traitement d'un agent-voyer pour la localité où les nouvelles constructions deviennent de jour en jour plus nombreuses, et où des réparations aux anciens bâtiments sont faites incessamment ; que le besoin de cet agent s'est depuis longtemps fait sentir, que le Conseil municipal a exprimé le vœu qu'il soit bientôt choisi et mis en fonctions.

Avons arrêté ce qui suit :

ARTICLE PREMIER.

Le sieur Auguste-Pierre Jouye, géomètre, demeurant ici, rue de la Mare, nº 109, est nommé agent-voyer de Belleville.

ART. 2.

Il se conformera de tous points à notre susdit arrêté du 19 de ce mois, où nous avons indiqué toutes ses attributions et les devoirs qu'il aura à remplir.

ART. 3.

Le sieur Jouye, devant dresser des procès-verbaux contre les contrevenants aux dispositions de la voirie, prêtera serment, comme agent-voyer de la localité, devant M. le juge de paix du canton de Pantin.

ART. 4.

Expédition du présent lui sera à cette fin délivrée, et expédition de sa prestation de serment lui servira de commission.

Belleville, en mairie, les jour, mois et an ci-dessus.

Signé : POMMIER.

Pour copie conforme,

Le maire de Belleville, chevalier de la Légion d'honneur,

Signé : POMMIER.

Le 8 mai 1847, le directeur de l'administration des contributions directes le nomma attaché à la division de M. Olleris, contrôleur, en qualité d'auxiliaire pour la vérification des mutations provenant des ventes de parcelles de terrain faites dans les communes qui entourent Belleville; ce travail ne l'occupait que le dimanche.

Copie de la lettre lui notifiant cette nomination :

DÉPARTEMENT DE LA SEINE.

DIRECTION DES CONTRIBUTIONS DIRECTES

Paris, le 8 mai 1847,

Monsieur,

D'après l'autorisation de M. le Directeur général de l'Administration des Contributions directes, je vous préviens que vous avez été attaché à la Division de Contrôle de M. Olleris en qualité d'auxiliaire pour les communes de Charonne, Bagnolet, Romainville, Bondy et Noisy-le-Sec.

La présente lettre vous servira de commission.

J'ai, etc.

Le Directeur des Contributions directes,

Signé : BAUDOIN.

Le 8 février 1848, un arrêté de M. le préfet de la Seine le chargea du numérotage des rues de plusieurs arrondissements de Paris.

Copie de cet arrêté :

PRÉFECTURE DU DÉPARTEMENT DE LA SEINE

4ᵉ DIVISION   2ᵉ BUREAU

Nous, Pair de France, Préfet de la Seine,

Vu les arrêtés des 15 juin 1843 et 4 août 1844, par lesquels nous avons chargé le sieur Mandon, géomètre des travaux graphiques relatifs au numérotage des voies publiques comprises dans les Vᵉ, VIᵉ, VIIᵉ, VIIIᵉ, IXᵉ et XIIᵉ arrondissement ;

Vu le rapport présenté le 11 décembre dernier par le géomètre en chef, qui expose que les retards apportés par le sieur Mandon dans la remise des travaux qui lui ont été confiés sont de nature à entraver l'opération du numérotage, et que, malgré les assertions de ce géomètre, les plans qu'on lui réclame ne sont même pas commencés ;

Considérant qu'il importe de prévenir tout nouveau retard dans la confection des plans qui doivent servir à l'achèvement du numérotage, qu'il y a donc lieu de confier lesdits travaux à un autre agent.

ARRÊTONS :

ARTICLE PREMIER.

M. Jouye, dessinateur-géomètre, est chargé, en remplacement de M. Mandon, des travaux nécessaires à l'achèvement des plans du numérotage des rues situées dans les Vᵉ, VIᵉ, VIIᵉ, VIIIᵉ, IXᵉ et XIIᵉ arrondissements.

ART. 2.

Ampliation du présent arrêté sera remise au sieur Jouye.

Fait à Paris, le 8 février 1848.

Signé : Comte de RAMBUTEAU.

Pour ampliation,
Le Secrétaire général de la Préfecture,
Signé : PARRANT.

Dans les premiers jours du mois de mars 1848, à la suite de la révolution de février, M. le maire de Belleville, ayant à donner de l'ouvrage à 2500 ouvriers et malheureux de la ville qui se trouvaient sans pain, chargea M. JOUYE, agent-voyer, d'établir de suite les plans de terrain et de nivellement du prolongement de la rue Fessard à travers les buttes Chaumont jusqu'à la rue de Meaux, limite de Belleville et de la commune de la Villette, ainsi que les plans d'élargissement et de nivellement du chemin des Partants, qui sépare Belleville d'avec la commune de Charonne, afin d'y faire travailler immédiatement les 2500 personnes sous sa direction et celle d'une commission du Conseil municipal. M. JOUYE fit ce travail sans recevoir aucune rétribution. A la fin du même mois, le gouvernement décida la création des ateliers nationaux, et, à la même époque, la section de Belleville passa sous les ordres de M. Clément-Thomas, directeur général des ateliers nationaux de Paris, auquel M. JOUYE remit un état des noms des 2500 travailleurs et tous les plans qu'il avait faits pour l'exécution des deux voies de la commune.

Quelques jours plus tard, M. Clément-Thomas, accompagné de M. Verdavenne, ingénieur, vint chez M. JOUYE et lui dit : « Le temps presse, il faut que nous occupions de
« suite tous les travailleurs ; nous ne pouvons donc pas
« attendre que d'autres ingénieurs aient étudié vos plans.
« Je viens vous prier de vouloir bien continuer à diriger
« l'exécution des travaux de ces deux voies publiques avec
« le titre d'inspecteur; nous vous adjoindrons des jeunes
« ingénieurs pour surveiller et diriger les ouvriers afin de
« faire exécuter les plans. »

Pour ne pas arrêter les travaux, M. JOUYE accepta, à la condition qu'il garderait ses fonctions d'agent-voyer, de dessinateur au plan de Paris et qu'il conserverait son cabinet, ce qui fut admis par M. Clément-Thomas, qui lui rendit tous ses plans et lui remit une carte de nomination, dont voici la copie :

2

RÉPUBLIQUE FRANÇAISE

LIBERTÉ, ÉGALITÉ, FRATERNITÉ

Ministère des Travaux publics
Bureau central des Ateliers nationaux

CARTE DE NOMINATION

M. JOUYE (architecte-voyer) inspecteur des travaux du XIIIe arrondissement

Le Chef du personnel et des travaux,
Signé : E. GONSOLE.

Le Directeur, Commissaire de la République,
Signé : CLÉMENT-THOMAS.

Le 9 avril de la même année, M. JOUYE fut nommé, à l'élection, lieutenant en second de la 4e compagnie du bataillon de la garde nationale de Belleville.

Copie du brevet :

RÉPUBLIQUE FRANÇAISE

LIBERTÉ, ÉGALITÉ, FRATERNITÉ

Département de la Seine	1re Légion de la banlieue
Canton de Pantin	8e Bataillon
Commune de Belleville	4e Compagnie

BREVET DE LIEUTENANT EN SECOND

Le citoyen JOUYE (Auguste-Pierre), a été élu, à la majorité des suffrages, par cent quatre-vingt-cinq citoyens, lieutenant de la 4e compagnie de la garde nationale de Belleville, ainsi qu'il résulte du procès-verbal d'élection en date du 9 avril 1848, dont la minute est déposée aux archives de la mairie de Belleville.

A Saint-Denis, ce 10 mai 1849.

Vu et certifié	*Pour extrait conforme*
Le Sous-Préfet	Le Maire
Signé : CRUVEILHIER	*Signé :* CHAUMONT

Dans la même année, le 9 juin, le directeur de l'administration des contributions directes le nomma attaché à la division du contrôle de M. Berlié.

Copie de la lettre lui notifiant cette nomination :

DÉPARTEMENT DE LA SEINE

DIRECTION DES CONTRIBUTIONS DIRECTES.

Paris, le 9 juin 1848.

Monsieur,

D'après l'autorisation de M. le directeur de l'Administration des Contributions directes, je vous préviens que vous avez été attaché à la Division de Contrôle de M. Berlié, en qualité d'auxiliaire, pour les communes de Pantin et des Prés-Saint-Gervais.

La présente lettre vous servira de commission.

J'ai l'honneur, monsieur, de vous saluer.

Le directeur des contributions directes,
Signé : BAUDOUIN.

Dans la même année, 1ᵉʳ septembre, M. JOUYE fut nommé à l'élection, par 66 citoyens sur 69 votants, lieutenant en premier dans la 4ᵉ compagnie de la garde nationale de Belleville.

Copie de son brevet :

RÉPUBLIQUE FRANÇAISE.

LIBERTÉ, ÉGALITÉ, FRATERNITÉ.

Département de la Seine	1ʳᵉ légion de banlieue
Canton de Pantin	8ᵉ bataillon
Commune de Belleville	4ᵉ compagnie

BREVET DE LIEUTENANT EN 1ᵉʳ.

Le citoyen JOUYE (Auguste-Pierrre), a été élu, à la majorité des suffrages, par 66 citoyens, lieutenant de la 4e compagnie de la garde nationale de Belleville, ainsi qu'il résulte du procès-verbal d'élection, en date du 1er septembre 1848, dont la minute est déposée aux archives de la mairie de Belleville.

A Saint-Denis, ce 10 mai 1849.

Vu et certifié :
Le sous-préfet,
Signé : CRUVEILHIER.

Pour copie conforme :
Le maire,
Signé : CHAUMONT.

Le 9 avril 1849, il fut nommé à l'élection président de la 4e section de l'Union électorale de Belleville.

Copie du procès-verbal de sa nomination :

RÉPUBLIQUE FRANÇAISE.

Ville de Belleville   4e section

UNION ÉLECTORALE.

Élection de cinq délégués de la quatrième section

L'an 1849, le lundi 9 avril, à 3 heures de relevée, les électeurs adhérents à l'Union électorale de la section H, 4e compagnie, se sont réunis à Belleville, dans le local des écoles communales, classe des garçons, à l'effet d'élire cinq délégués.

La majorité des suffrages de l'assemblée s'est portée sur :

MM. THIBAULT, chaussée Ménilmontant, 81.	MM.
ALLAIN père, rue de Paris, 120.	SOUTENET, rue Levert, 17.
JOUYE, rue de la Mare, 111.	BAUVE, rue de la Mare, 15.
VAUDIN, rue Levert, 28.	MARCHAL, rue Levert, 5.
MARREL, rue Levert, 7.	BRIFFARD, rue de Paris, 158.
Qui ont été nommés délégués.	SAVREUX, rue de la Mare, 48.
	Suppléants.

Immédiatement il a été procédé à la nomination du Président par la voie du scrutin ouvert entre MM. les délégués.

La majorité des suffrages s'est portée sur M. JOUYE, qui a été proclamé Président des délégués de la section H, 4e compagnie de Belleville.

De quoi a été dressé le présent procès-verbal, qui a été signé par les membres du bureau, les délégués et leur Président.

<table>
<tr><td>Délégués,
Signé : THIBAULT.

ALLAIN, secrétaire
MARREL et VAUDIN.</td><td>Membres du bureau,
Le vice-président,
Signé : BRIFFARD.
Le vice-président,
Signé : THIBAULT.</td></tr>
</table>

Les scrutateurs,
Signé : BAUVE et BOURILLON.

Le secrétaire,
Signé : ALLAIN.

Le Président de la section,
Signé : SALGAT.

Le Président des délégués,
Signé : JOUYE.

A Belleville, les jour, an et heure que dessus.

Dans la même année, le 31 décembre, un arrêté de M. le maire de Belleville le chargea de la direction du pavage de la ville.

Copie de cet arrêté :

DÉPARTEMENT DE LA SEINE

ARRONDISSEMENT DE SAINT-DENIS

MAIRIE DE LA VILLE DE BELLEVILLE

Extrait du registre des arrêtés du maire.

L'an mil huit cent quarante-neuf, le 31 décembre.

Nous, maire de Belleville,

Vu la loi du 18 juillet 1837, art. 10.

L'arrêté municipal, en date du 25 mai 1846, qui confère à M. JOUYE (Auguste-Pierre), architecte, les fonctions d'architecte-voyer de la commune de Belleville.

Arrêtons ce qui suit :

ARTICLE 1ᵉʳ.

M. JOUYE, architecte-voyer de la commune, est spéciale-
ment chargé par nous de la direction et de la surveillance des
travaux d'entretien de pavage des voies publiques.

ART. 2.

Il sera attribué à M. JOUYE, pour ses honoraires relatifs aux
frais de direction, règlement des mémoires de l'entrepreneur
etc., cinq pour cent sur le montant des mémoires réglés.

ART. 3.

L'entrée en fonctions de M. JOUYE pour ce service supplé-
mentaire aura lieu à partir du 1ᵉʳ janvier prochain.

Fait en mairie les jour, mois et an ci-dessus.

Signé : HERBÉ
Pour expédition conforme
Le maire de Belleville,
Signé : HERBÉ

Le 19 juin 1850, il fut nommé à l'élection, président
de la section H de l'union électorale de la ville de Belleville.

Copie du procès-verbal d'élection :

RÉPUBLIQUE FRANÇAISE

UNION ÉLECTORALE POUR LE DÉPARTEMENT DE LA SEINE

· Autorisée le 9 novembre 1848, conformément au décret du 28 juillet 1848.

13ᵉ et 14ᵉ ARRONDISSEMENT

ARRONDISSEMENT DE
SAINT-DENIS

Comité de section

Commune de Belleville, section H,
4ᵉ compagnie

PROCÈS-VERBAL

d'élection de délégués de sections.

L'an mil huit cent cinquante, le mercredi 19 juin, à sept
heures du soir, dans un local situé rue de la Mare, 27, à

Belleville, se sont réunis les citoyens adhérents aux principes de l'Union électorale, composant la section H, 4ᵉ compagnie de la ville de Belleville.

L'objet de la réunion est la constitution du comité de ladite section, conformément aux statuts de l'Union électorale arrêtés le 8 juin 1849 et modifiés le 1ᵉʳ mai 1850.

Après l'installation du bureau, composé conformément à l'art. 5 de l'instruction du Comité Central, il est donné lecture des art. 1, 2, 6, 7, 8, 9, 10, 65, 66, 67 et 69 des statuts, puis il est procédé au scrutin secret, par bulletins de liste et à la majorité relative, à la nomination de dix délégués. Le nombre de votants était de cent douze.

Les voix ont été réparties de la manière suivante :

Nᵒˢ D'ORDRE	NOMS	PROFESSIONS	DOMICILES	VOIX OBTENUES
1	JOUYE	Géomètre, agent-voyer de Belleville.	Rue de la Mare, 109.	112
2	Allain	Rentier, propriétaire.	— de Paris, 120.	112
3	Villevielle	Rentier, propriétaire.	— Levert, 22.	112
4	Diolot	Rentier.	— de la Mare, 2.	112
5	D'Hervilly	Conducteur des ponts et chaussées.	— Levert, 21.	112
6	Marrel	Rentier.	— Levert, 5.	112
7	Vaudin	Rentier.	— Levert, 24.	112
8	Comparet	Rentier.	— de Paris, 120.	112
9	Thibault	Rentier.	Chaussée Ménilmontant, 81.	112
10	Barrucand	Rentier.	Rue de Paris, 122.	112

En conséquence, les sus-nommés sont proclamés délégués de la section H, 4ᵉ compagnie de Belleville.

De tout ce que dessus a été dressé le présent procès-verbal, qui a été fait en double original et signé par les membres du bureau.

Signé : MARCHAT, VAUDIN, MARREL, ALLAIN, secrétaire, et JOUYE, président.

Immédiatement après la nomination des délégués, il a été

procédé à la nomination d'un président et d'un secrétaire entre MM. les délégués.

La majorité des suffrages s'est portée sur M. JOUYE, qui a été proclamé président, et sur M. Allain, qui a été proclamé secrétaire des délégués de la section H, 4ᵉ compagnie de Belleville.

De quoi il a été dressé le présent procès-verbal en double original, et qui a été signé par les membres du nouveau bureau et tous les délégués.

Belleville, les jour, mois et an que dessus.

> *Signé :* VILLEVIELLE, COMPARET, BARRUCAND, D'HERVILLY, DIOLOT, VAUDIN, MARREL, ALLAIN, secrétaire, JOUYE, président.

Le 9 mars 1852, M. JOUYE fut nommé par le président de la République, capitaine des Sapeurs-Pompiers de Belleville.

Copie de la lettre qui lui a été adressée :

RÉPUBLIQUE FRANÇAISE

GARDES NATIONALES DU DÉPARTEMENT DE LA SEINE

État-major général   Secrétariat

NOMINATION DE CAPITAINE

Des Sapeurs-Pompiers du 8ᵉ bataillon de Paris

Paris, le 9 mars 1852.

Monsieur,

J'ai l'honneur de vous informer que sur ma proposition, et par décret en date du 2 mars 1852, le Prince-Président de la République vous a nommé au grade de capitaine des pompiers du 8ᵉ bataillon des gardes nationales de la Seine (banlieue).

Je me félicite d'avoir contribué à appeler sur vous ce témoignage honorable de la confiance du Prince en votre dévouement, sur lequel je compte en toutes circonstances.

Recevez, Monsieur, l'assurance de ma considération distinguée.

Le Général commandant supérieur,

Signé : Marquis de LAWŒSTINE.

En juillet 1857, pour cause de maladie (hypertrophie du foie), étant forcé d'aller à Vichy pour sa santé, M. Jouye donna sa démission d'agent-voyer de Belleville, où, pendant tout le temps qu'il a exercé, le Conseil municipal de ladite commune l'a toujours adjoint aux commissions municipales pour la direction des fêtes communales et de bienfaisance.

Le 29 décembre 1858, eut lieu, au Tribunal civil de la Seine, par suite de la faillite du sieur Fleurot, banquier, la vente par lots des propriétés n°ˢ 48, 50 et 52, situées rue de Paris, actuellement rue de Belleville, où MM. Marceline-Néoménroa, Moutier, Manoury, Berçon et Jouye en sont devenus propriétaires.

M. Julien Lacroix, qui en était précédemment propriétaire, avait fait ouvrir la rue qui porte son nom et le commencement d'une autre rue, que les nouveaux propriétaires firent ouvrir entièrement.

Une réunion desdits propriétaires eut lieu, et il fut proposé à M. Jouye de donner son nom à cette dernière rue, attendu que depuis plusieurs années il était le géomètre de ladite propriété; que c'est M. Julien Lacroix qui le chargea de faire le plan des ouvertures de ces deux nouvelles rues, que c'est lui qui en a toujours dirigé les travaux ; que, de plus, il a rendu des services à la ville de Belleville, non seulement comme agent-voyer, en exerçant pendant 15 ans, mais aussi comme capitaine des sapeurs-pompiers de la ville, qu'il a commandés pendant plus de huit années.

M. Jouye, honoré de cette marque d'estime et de reconnaissance, accepta, et la nouvelle rue porte le nom de Jouye-Rouve; ce dernier nom est celui de sa femme.

Le 30 décembre 1858, il reçut du maire de Belleville une lettre lui annonçant que le Conseil municipal lui avait décerné une médaille d'honneur, ainsi qu'à cinq pompiers de sa compaguie.

Copie de la lettre :

EMPIRE FRANÇAIS

MAIRIE DE BELLEVILLE

Belleville, le 30 décembre 1858.

Mon cher capitaine,

J'ai l'honneur de vous adresser une copie conforme de la décision prise par le Conseil municipal dans sa séance extraordinaire du 20 de ce mois, portant qu'une médaille d'honneur en argent sera décernée à titre de récompense au nom de la ville de Belleville, sur votre proposition visée et approuvée par le chef de bataillon, à chacun des six sapeurs-pompiers, gradés ou non, qui se sont le plus distingués dans les sinistres.

Les nombreuses circonstances dans lesquelles vous avez eu l'occasion de donner des preuves de dévouement et d'intrépidité, soit en combattant les incendies, soit en apportant dans des faits de sauvetage le secours de vos lumières comme ingénieur, ou de votre abnégation comme citoyen, devaient tout d'abord appeler sur vous l'attention de votre commandant, et vous faire désigner comme étant le premier auquel cette distinction dût être accordée.

En conséquence, je vous invite à vouloir bien vous rendre en grande tenue, après demain, 1er janvier 1859, à 10 heures du matin, dans le salon de l'hôtel de la mairie, où aura lieu, en présence des autorités et du corps d'officiers de la garde nationale, la remise solennelle des médailles sus-mentionnées.

J'éprouve une vive satisfaction à vous faire parvenir cette nouvelle, et je me félicite très sincèrement d'être en cette circonstance l'interprète des sentiments de reconnaissance des habitants de Belleville.

Recevez, mon cher capitaine, l'assurance de ma considération la plus distinguée, et l'expression de mes sentiments affectueux et dévoués.

Le maire, chevalier de la Légion d'honneur,

Signé : DESNOYERS

Copie de la délibération :

EMPIRE FRANÇAIS

MAIRIE DE LA VILLE DE BELLEVILLE

CONSEIL MUNICIPAL DE BELLEVILLE

Département de la Seine   **Arrondissement de Saint-Denis**

Session extraordinaire du 28 décembre 1858

M. le maire expose au Conseil que dans tous les sinistres occasionnés par l'incendie, la compagnie des sapeurs-pompiers de Belleville a fait constamment preuve de zèle, de dévouement et d'intrépidité, et qu'il convient de récompenser les actes de courage en décernant des médailles en argent à six de ceux d'entre eux qui se sont le plus distingués.

En conséquence, M. le maire propose au Conseil de voter une somme de cent quatre-vingts francs pour faire face aux frais de ces médailles.

Le Conseil,

Vu l'exposé qui précède,
Vu le budget communal de l'exercice courant,
Vu l'état de la situation financière de la commune,
Vu la loi du 18 juillet 1837,

Délibère :

Une somme de cent quatre-vingts francs est votée pour être affectée, jusqu'à due concurrence, au paiement de la dépense de six médailles en argent qui seront décernées, à titre de récompense, au nom de de la ville de Belleville, sur la proposition du Capitaine de la Compagnie, visée et approuvée par le Chef de Bataillon, aux six Sapeurs-Pompiers, gradés ou non, qui se sont le plus distingués dans les sinistres.

Belleville, le 28 décembre 1858.

Pour copie conforme,
Le maire, chevalier de la Légion d'honneur,
Président du Conseil,
Signé : DESNOYERS

Le 1er novembre 1859, il reçut un ordre du jour relatif au licenciement des sapeurs-pompiers.

Copie de cet ordre du jour :

GARDE NATIONALE DU DÉPARTEMENT DE LA SEINE

ÉTAT-MAJOR GÉNÉRAL

Paris, le 1er novembre 1859.

ORDRE DU JOUR

L'annexion à Paris de plusieurs Bataillons de la Garde Nationale de la Banlieue aura pour conséquence inévitable le licenciement des Sapeurs-Pompiers de ces Bataillons, qui seront remplacés par les Pompiers de Paris.

Toutefois, au milieu de toutes les charges que l'annexion lui impose, la Ville de Paris ne saurait avoir pourvu, avant le 1er janvier 1860, à la construction des casernes et des différents postes nécessaires à l'établissement des Compagnies nouvelles qui vont être créées à Paris. Dans cette circonstance, le Général Commandant Supérieur a cru pouvoir offrir à l'Administration Municipale la continuation du service des Sapeurs-Pompiers de la partie de la Banlieue rentrant dans Paris, jusqu'à ce que leur concours ne soit plus nécessaire ou indispensable.

Le Général, qui connaît et sait apprécier le zèle et le dévouement dont les Sapeurs-Pompiers de la Garde Nationale de la

Seine ont donné tant de preuves, n'a pas hésité à faire cette offre en leur nom, convaincu d'avance qu'ils ne voudront pas abandonner leur poste avant d'avoir été relevés.

Le Général Commandant Supérieur,
Signé : LAWŒSTINE

Pour ampliation,
Le Colonel, Chef d'état-major général,
    Signé : A. ISNARD

Pour copie conforme,
Le chef de bataillon,
Signé : A. BOUTON.

Le 15 avril 1860, M. JOUYE reçut de son commandant la lettre suivante, l'invitant à rendre les pompes et le matériel d'incendie, et sa compagnie fut définitivement licenciée.

Copie de cette lettre :

GARDE NATIONALE DE LA SEINE

7ᵉ SUBDIVISION   30ᵉ BATAILLON

Belleville, le 15 avril 1860.

Le Chef de Bataillon à M. Jouye, Capitaine des Sapeurs-Pompiers.

Mon cher Capitaine,

Je vous prie de vouloir bien vous rendre à la mairie du 20ᵉ arrondissement, mardi prochain 17 du courant, à 9 heures précises du matin, pour assister à la remise du matériel de secours contre l'incendie à M. le Major des Sapeurs-Pompiers de Paris.

Vos bons services cesseront le même jour.

Votre tout dévoué,

Signé : A. BOUTON.

Dans la même année, le 9 mai, le Gouvernement lui décerna une médaille d'honneur pour récompense de belles actions, dont les certificats sont copiés ci-après, page 43.

Copie du diplôme :

MINISTÈRE DE L'INTÉRIEUR

RÉCOMPENSE POUR BELLES ACTIONS
MÉDAILLE D'HONNEUR

AU NOM DE L'EMPEREUR

Le Ministre, secrétaire d'État au Département de l'Intérieur, a décerné une médaille d'honneur en argent de 2ᵉ classe à M. Jouye (Auguste-Pierre), capitaine de sapeurs-pompiers à Belleville (Seine), pour son dévouement dans des incendies depuis vingt et un ans et pour avoir exposé sa vie dans diverses circonstances.

Paris, le 9 mai 1860.

Le Ministre, secrétaire d'État au Département de l'Intérieur.

Signé : BILLAULT.

Dans la même année, le 14 mai, il passa avec son grade de capitaine au commandement de la 7ᵉ compagnie du 30ᵉ bataillon de la garde nationale de Paris.

Copie de la lettre du colonel, chef d'état-major général:

GARDE NATIONALE DE LA SEINE

Paris, 14 mai 1860

Mon cher Commandant,

Le Général Commandant Supérieur, qui a reçu la démission, que vous lui avez transmise, de M. Leroy, capitaine de la 7ᵉ compagnie du 30ᵉ bataillon, vous autorise à l'accepter et à donner le Commandement de cette Compagnie à M. Jouye, ancien Capitaine des Sapeurs-Pompiers, mis en disponibilité par suite du licenciement de ce corps.

Cette disposition devra figurer à l'ordre du jour du 30ᵉ Bataillon, et je fais immatriculer M. Jouye dans sa nouvelle position sur les contrôles tenus à l'État-major Général.

Recevez, mon cher Commandant, l'assurance de ma considération la plus distinguée.

Le Colonel chef d'État-major Général.
Signé : A. ISNARD.

Lettre du chef du 30ᵉ Bataillon à M. JOUYE, Capitaine Commandant la 7ᵉ compagnie :

Belleville, le 15 mai 1860.

Mon cher Capitaine,

J'ai l'honneur de vous informer que vous êtes nommé, par le Général Commandant Supérieur, Capitaine Commandant la 7ᵉ compagnie de la garde nationale de la Seine, en date du 14 mai, en remplacement de M. Leroy, démissionnaire.

Je me félicite, mon cher Capitaine, d'avoir contribué à cette nomination si bien méritée.

Recevez, mon cher Capitaine, l'assurance de mes sentiments les plus dévoués.

Le chef du 30ᵉ bataillon,
Signé : A. BOUTON.

Le 21 décembre 1861, M. JOUYE fut nommé Administrateur de la Caisse d'épargne de Paris.

Copie de la lettre de nomination :

CAISSE D'ÉPARGNE DE PARIS

Paris, le 21 décembre 1861.

Monsieur,

Nous avons l'honneur de vous annoncer que le Conseil des

Directeurs, dans sa dernière séance, vous a nommé Administrateur de la Caisse d'épargne.

Nous espérons que vous voudrez bien, en acceptant ces fonctions, seconder de votre zèle et de votre influence les efforts que nous ne cessons de faire pour assurer de plus en plus le succès d'un établissement dont l'utilité est généralement reconnue et appréciée.

Recevez, Monsieur, l'assurance de notre considération distinguée.

L'agent général, *Signé :* A. PRÉVOST.

Les membres du Comité de direction :
Signé : A. HUSSON, MONLENY,
Charles DARU, CAUTION et
BOURCENET.

En février 1864, M. Jouye quitta le XXe arrondissement pour venir habiter sa maison du boulevard Voltaire, n° 25, XIe arrondissement.

Le 16 août 1867, M. Jouye fut nommé chevalier de la Légion d'honneur.

Copie du diplôme :

ORDRE IMPÉRIAL DE LA LÉGION D'HONNEUR

Napoléon, par la grâce de Dieu et la volonté nationale, Empereur des Français,

Chef souverain et grand-maître de l'Ordre impérial de la Légion d'honneur,

Voulant donner une preuve de notre satisfaction

A M. Jouye (Auguste-Pierre), capitaine au 30e bataillon de la garde nationale de la Seine, ancien sergent-major au 16e régiment de ligne, 35 ans de services militaires et civils, né le 8 mars 1809 à Tours, département d'Indre-et-Loire, pour les services qu'il a rendus à l'État,

L'avons nommé Chevalier de l'Ordre impérial de la Légion d'honneur, pour prendre rang à compter du 14 août 1867 et jouir du titre de Chevalier et de tous les droits, honoraires et prérogatives qui y sont attachés.

Fait au Palais des Tuileries, le 14 août 1867.

Signé : NAPOLÉON.

Vu, vérifié, scellé et enregistré Reg. f° , n° 115,393. Le Secrétaire général de l'Ordre. *Signé :* DE VAUDRIMEY.	*Par l'Empereur,* Le grand Chancelier. *Signé :* FLAHAULT.

Est joint à ce diplôme trois lettres : une du ministre de l'Intérieur et deux de la Chancellerie, lesquelles portent les n°ˢ 28, 29 et 30 de ses Archives.

Dans la même année, le 26 octobre, se trouvaient réunis au café Corazza (Palais Royal), quatre-vingt-quatre de ses parents et amis pour fêter sa décoration. Au dessert, M. le commandant Bouton porta le premier toast à M. Jouye en le félicitant de sa nomination ; il lui remit son brevet de chevalier de la Légion d'honneur, en lui donnant l'accolade. M. Deschamps, Directeur du Plan de Paris, porta le second toast, et, après plusieurs autres, M. le docteur Goubert lut et lui offrit une poésie qu'il avait composée en l'honneur de sa nouvelle distinction. Enfin, un ami lui offrit un acrostiche fait sur son nom.

Copie de la poésie :

POÉSIE

DÉDIÉE

A M. JOUYE (Auguste-Pierre)

Chevalier de la Légion d'honneur

Par M. GOUBERT, médecin.

L'étoile qui, sur ta poitrine,
Étincelle comme un rubis
Et qu'au mérite on destine,
Rassemble en cercle tes amis.
Avant qu'on te l'eût donnée,
Ils te la décernaient déjà ;
De leur suffrage environnée,
Elle acquiert un nouvel éclat.

Un prince ou noble qu'on décore
N'a pas besoin de mériter
Le ruban d'or dont on l'honore,
Et dont il se fait breveter.
A peine est-il né que son père
Sème des croix dans ses berceaux,
Profanant le prix qu'on révère
Sur le Génie ou le Héros.

Mais quand, au peuple descendues,
Les croix cherchent, en discernant,
Les distinctions reconnues
De l'homme probe et bienfaisant,
Alors, rayon de la Justice,
L'Etoile couvre un noble cœur,
Et juste rémunératrice,
L'immortalise dans l'honneur.

ACROSTICHE.

Jouye sut toujours briller par sa mâle franchise,
On sait qu'il a toujours l'équité pour devise,
Un jour n'est rien pour lui s'il n'a fait des heureux,
Y a-t-il plus obligeant, surtout plus gracieux ?
Etre utile à chacun charme son existence.

Le 25 août 1870, au moment du siège de Paris et à la création des bataillons sédentaires de la garde nationale, M. Jouye fut nommé à l'élection, par les habitants du quartier de la Folie-Méricourt (XIe arrondissement), Capitaine en Ier de la 2me Compagnie du 57me Bataillon.

Copie du certificat d'élection :

RÉPUBLIQUE FRANÇAISE

VILLE DE PARIS   MAIRIE DU XIe ARRONDISSEMENT.

GARDE NATIONALE DE LA SEINE

57e Bataillon   *2e Compagnie sédentaire*

Grade :   Capitaine en 1er.
Date de l'élection :   25 août 1870.
Nom :   Jouye.
Prénoms :   Auguste-Pierre.
Adresse :   Boulevard Voltaire, 25.

Délivré et certifié conforme aux procès-verbaux, par nous, maire du XIe arrondissement.

Paris, 5 janvier 1871.

Le maire.
Signé : MOTTU.

Le 21 novembre 1870, il reçut l'ordre suivant :

Le Général Commandant Supérieur de la Garde Nationale de la Seine a reçu et accepté ma démission de Chef de Bataillon du 57e.

Je remets le commandement au plus âgé des capitaines du bataillon, M. Jouye ; c'est donc à lui qu'on s'adressera pour tout ce qui regarde le service.

Je quitte le Bataillon avec le plus profond regret ; je lui

avais voué mon temps, mes soins et le peu d'intelligence que j'avais.

Je remercie tous ceux qui m'ont témoigné de la sympathie dans la tâche ardue que j'avais entreprise.

Signé : E. CHANUDET.

États de services de M. Jouye pendant le siège de Paris ;

Capitaine en premier, nommé à la majorité des suffrages de ses concitoyens par 91 voix sur 109 votants, le 25 août 1870, jour de la formation du bataillon.

Chef de bataillon par intérim, du 14 novembre au 18 décembre 1870, il a formé, en vertu d'un décret, les compagnies de guerre du bataillon, il les a menées et commandées à la bataille de Villiers, qui eut lieu les 1er et 2 décembre 1870, et il quitta le service au licenciement de la garde nationale, le 18 mars 1871.

Le 31 août 1871, il fut nommé membre de la Commission cantonale du XI⁰ arrondissement.

Lettre du maire :

Monsieur,

J'ai l'honneur de vous annoncer que sur ma proposition M. le Préfet de la Seine vous a, par un arrêté du 29 août courant, nommé membre de la Commission cantonale de la Ville de Paris.

Une lettre nouvelle vous convoquera très prochainement pour procéder à l'élection du Président et du Secrétaire de la Commission.

Agréez, Monsieur, l'assurance de ma considération très distinguée.

Le Maire,
Signé : RUINET.

Le 27 novembre 1871, M. Jouye fut nommé administrateur du bureau de bienfaisance du XIe arrondissement.

Copie de l'arrêté de M. le Préfet de la Seine :

ADMINISTRATION GÉNÉRALE DE L'ASSISTANCE PUBLIQUE A PARIS

BUREAU DE BIENFAISANCE DU XIe ARRONDISSEMENT

Le Préfet de la Seine, Membre de l'Assemblée Nationale,

Vu l'article du règlement administratif sur les secours à domicile, en date du 20 mars 1860 ;

Vu la loi du 7 février 1851 ;

Vu l'arrêté en date d'hier, qui prononce la dissolution du Bureau de bienfaisance du XIe arrondissement ;

Vu la proposition du Directeur de l'Administration Générale de l'Assistance publique ;

Sur le rapport du Secrétaire Général de la Préfecture,

ARRÊTE :

ARTICLE 1er.

Est nommé Administrateur du Bureau de Bienfaisance du XIe arrondissement, M. JOUYE (Auguste-Pierre), demeurant boulevard Voltaire, 25.

ART. 2.

Le Secrétaire Général de la Préfecture et le Directeur de l'Administration Générale de l'Assistance publique sont chargés, chacun en ce qui le concerne, de l'exécution du présent arrêté.

Paris, le 27 novembre 1871.

Signé : LÉON SAY.

Le Secrétaire Général de la Préfecture.

Signé : A. HUSSON.

Pour copie conforme, le Secrétaire général de l'Administration de l'Assistance publique.

Signé : BAILLY.

Pour extrait certifié conforme, le maire du XIe arrondissement, président du Bureau de Bienfaisance.

Signé : FÉLIX DELPIRE.

Le 12 octobre 1872, il reçut une lettre du président de la Commission cantonale lui annonçant la fin des travaux de cette commission.

Copie de la lettre du président :

Mon cher collègue,

J'ai l'honneur de vous transmettre ampliation de la dépêche de M. le Préfet de la Seine, en date du 12 octobre 1872.

Par cette dépêche, M. le Préfet adresse aux membres de la Commission cantonale du XIe arrondissement les remerciements de la Commission supérieure pour les travaux par elle accomplis.

Recevez, mon cher collègue, l'assurance de ma considération très distinguée.

Signé : HAVARD.

Copie de la dépêche adressée par M. Léon Say à M. le Président de la Commission cantonale du XIe arrondissement :

Paris, le 12 octobre 1872.

Monsieur le Président,

Les travaux de la Commission cantonale du XIe arrondissement sont aujourd'hui terminés.

La Commission départementale me charge d'être son interprète pour vous remercier du zèle et du dévouement dont vous avez fait preuve dans l'accomplissement de la tâche dont vous avez bien voulu vous charger et que vous avez menée à bonne fin, avec le concours de la Commission cantonale.

Je vous prie, Monsieur le Président, de faire parvenir à MM. les membres de la Commission cantonale du XIe arrondissement les remerciements de la Commission Supérieure.

Agréez, Monsieur le Président, l'assurance de ma considération très distinguée.

Le Préfet de la Seine,
Signé : LÉON SAY.

Le 29 janvier 1873, une partie des notables habitants du XIe arrondissement furent réunis à la mairie pour entendre une communication de la Compagnie du chemin de fer métropolitain, au sujet d'un projet de chemin de fer à établir sur une grande partie du territoire de l'arrondissement, et pour choisir parmi eux une Commission d'enquête chargée d'étudier ce projet et de présenter un rapport à M. le Préfet.

Le bureau de cette réunion fut ainsi composé :

MM. Gallimard, président; Desportes et JOUYE, assesseurs ; Cochelin, secrétaire.

Le Président, après avoir fait connaître le but de la réunion, donne la parole à M. Brunfault, ingénieur de la Compagnie, qui exposa le but et le tracé des lignes à travers le XIe arrondissement.

Puis l'assemblée nomma membres de la Commission d'enquête : MM. Gallimard, Salmon, Bariquand, Turquetil, Desportes, Hochard, Ronchonnat, JOUYE et Bengel.

Après plusieurs séances, où chaque membre fit ses observations, la Commission nomma rapporteur M. Salmon, juge au Tribunal de commerce, l'un de ses membres, et le 7 mars, à 8 heures du soir, elle réunit en assemblée générale, dans un des salons de l'hôtel de la mairie de l'arrondissement, les mêmes habitants; là on leur communiqua le rapport qui devait être adressé à M. le Préfet, en les priant de donner leur avis. Le rapport fut approuvé à l'unanimité.

Le 20 du même mois, la Commission adressa à M. le Préfet de la Seine ledit rapport, qu'elle avait soumis à l'assemblée, rapport qui commence par ces mots : « Messieurs, vous savez qu'il est question d'établir le plus près possible du centre de Paris des gares, etc..... » et se terminait ainsi : « A l'unanimité, l'assemblée a décidé que ladite Commission d'enquête serait priée de repousser le projet proposé par la Compagnie et d'appuyer auprès de l'Administration le contre-projet présenté par M. Jouye, un de ses membres, et adopté par l'assemblée.

(Voir les procès-verbaux joints aux pièces)

Signé : GALLIMARD, président ; SALMON, secrétaire-rapporteur ; BARIQUAND, TURQUETIL, DESPORTES, HOCHARD, RONCHONNAT, JOUYE et BENGEL, membres de la Commission.

Le 1er octobre 1873, M. Jouye reçut de l'Assistance publique une médaille en argent pour services rendus. Antérieurement, il en avait reçu deux en bronze dont les diplômes portent les n°s 41 et 42.

Copie du diplôme de la médaille d'argent :

ADMINISTRATION GÉNÉRALE DE L'ASSISTANCE PUBLIQUE

BUREAU DE BIENFAISANCE DU XI° ARRONDISSEMENT
QUÊTE A DOMICILE. — ANNÉE 1873.

M. le Maire, président, MM. les Adjoints et MM. les Administrateurs du Bureau de bienfaisance certifient que M. Jouye (Auguste-Pierre), Administrateur du Bureau de Bienfaisance, demeurant boulevard Voltaire, n° 25, a mérité une médaille d'argent pour le concours qu'il a prêté au Bureau de Bienfaisance à l'occasion des quêtes à domicile qu'il a faites au profit des pauvres pendant l'hiver 1872-1873 et pendant les hivers 1864-1865, 1865-1866, 1866-1867, 1867-1868, 1868-1869, 1869-1870, 1870-1871, 1871-1872.

En foi de quoi le présent certificat lui a été délivré comme gage de reconnaissance.

Signé : Le maire, président, FÉLIX DELPIRE ; les adjoints, MOUREY, GRADOS et SCHMIT ; le vice-président, MORGAND aîné ; le secrétaire honoraire, GUILLAUME ; l'ordonnateur, FOUINAT.

Paris, le 1er octobre 1873.

Le 28 novembre 1874, le comité électoral du XIe arrondisse-sement, composé de MM. Aubert, Bican, Boyreau, Canuet, Hu-guet, Faucheur, Roux, André Pontier, Fourment, Griin, Cour-tade, Gaveau, Lecouteux, Piat, Rhims, Guy (Albert), etc.. pro-posa aux suffrages des électeurs MM. Jouye, Gallimard, La-gorge et Schmit comme candidats au Conseil municipal de Paris pour le XIe arrondissement.

M. Jouye, candidat dans le quartier de la Folie-Méricourt a obtenu 1002 voix. (Voir le *Figaro* et autres journaux des 28 no-vembre et 1er décembre 1874.)

Le 10 janvier 1875, en séance générale, M. Jouye fut admis membre de la Société mutuelle des quartiers Folie-Méricourt et Saint-Ambroise, et il a été proclamé mem-bre perpétuel dans la séance générale du 14 janvier 1879.

Le 25 janvier, il reçut un nouveau diplôme de membre perpétuel de la Société des Sauveteurs de la Seine, dont il fait partie depuis le 10 décembre 1851.

Copie de ce diplôme :

Société des Sauveteurs médaillés du gouvernement

La Société des Sauveteurs de la Seine a, dans sa séance du 24 janvier 1875, élevé à la qualité de membre honoraire per-pétuel, M. Jouye (Auguste-Pierre), propriétaire, chevalier de la Légion d'honneur, décoré d'une médaille d'honneur de 2me classe en argent, admis membre honoraire le 10 dé-cembre 1861, en témoignage tout à la fois de la haute estime et de la reconnaissance de la Société ; M. Jouye ayant été militaire et capitaine des sapeurs-pompiers.

En foi de quoi le présent diplôme lui a été délivré à Paris le 15 janvier 1875.

Signé : Le Président,
Duc de FITZ-JAMES.

Le Vice-Président,
ANDROUET-DU-CERCEAU.

Le Secrétaire général,
VUILLERMEDUNAND.

Le 16 janvier 1876, M. Jouye reçut deux diplômes : un constatant son admission de Membre perpétuel à la Société de Secours mutuels des Amis d'apprentissage, dont il fait partie depuis le 27 janvier 1861, et l'autre d'honneur, en témoignage de reconnaissance.

Copie du diplôme d'honneur :

SOCIÉTÉ DE SECOURS MUTUELS DES AMIS D'APPRENTISSAGE.

La Société de Secours mutuels des Amis d'apprentissage, réunie en assemblée générale le 16 janvier 1876, a décerné à M. Jouye (Auguste) ce diplôme d'honneur comme témoignage de sa reconnaissance pour les services qu'il a rendus à la Société et afin d'en perpétuer le souvenir au milieu des siens.

Signé : Le Président,
DUBAIL.

Les Vice-présidents,
NORMAND, LESSEUR.

Le Secrétaire,
Ed. RIEUPEYROUX.

(L'autre y est joint.)

Dans la même année, le 19 décembre, il fut nommé à l'élection membre de la Caisse des écoles du XI° arrondissement.

Copie du procès-verbal :

DÉPARTEMENT DE LA SEINE

VILLE DE PARIS

MAIRIE DE POPINCOURT. — XIe ARRONDISSEMENT

Extrait de la séance du 14 décembre 1877 (Assemblée générale des fondateurs de la Caisse des Écoles).

M. le président invite les membres présents à déposer leur bulletin de vote pour l'élection de neuf membres du conseil d'administration de la Caisse des Écoles, en conformité de l'article 6, titre IV des statuts.

Le dépouillement des votes donne les résultats suivants :

MM..... et JOUYE, vingt-cinq voix.

En conséquence, M. JOUYE est nommé membre du conseil d'administration de la Caisse des Écoles.

Pour copie conforme,

Le Maire,

Signé : J. BARIQUAND.

Le 3 septembre 1877, il reçut une médaille de bronze de la Société des Sauveteurs de la Seine.

Copie du diplôme :

SOCIÉTÉ DES SAUVETEURS DE LA SEINE

Fondée à Paris en 1845, et reconnue comme établissement d'utilité publique.

DIPLOME

Médaille de bronze

La Société des Sauveteurs a, dans son assemblée générale et solennelle du 3 septembre 1877, décerné le prix de la Société à M. JOUYE (Auguste-Pierre), membre honoraire perpétuel, ancien membre honoraire, en témoignage de reconnaissance pour son dévouement éprouvé aux intérêts et à la grandeur de la Société.

En foi de quoi le présent diplôme a été délivré à **M. Jouye** (Auguste-Pierre), né à Tours (Indre-et-Loire) le 8 mars 1809.

Paris, 3 septembre 1877.

Signé : Le Président,
Duc de FITZ-JAMES.

Le Vice-président,
ANDROUET DU CERCEAU.

Le Secrétaire général,
VUILLERMEDUNAND.

Les Administrateurs délégués,
J. DELARUE, BONNE.

Vu et enregistré sous le n° 25.

Paris, le 3 septembre 1877.

Le Secrétaire,
Signature ILLISIBLE

Le 20 juin 1878, **M. Jouye** fut nommé par le préfet de police membre de la commission pour la protection des enfants du premier âge.

Copie de l'arrêté de **M.** le préfet de police :

PRÉFECTURE DE POLICE

Secrétariat général
N° 1031
—

Personnel
—

Paris, le 20 juin 1878.

Nous, Préfet de Police,

ARRÊTONS :

M. Jouye, propriétaire, est nommé membre de la commission instituée dans le XI° arrondissement pour concourir à l'application de la loi du 23 décembre 1874 relative à la protection des enfants du premier âge.

Le Préfet de police,
Signé : A. GIGOT.

Pour extrait conforme :
Le Secrétaire général,
Signé : DE BULLEMONT.

CERTIFICATS D'ACTES DE SAUVETAGE
Adressés à **M. JOUYE**.

En 1848, le 27 mars, par M. le maréchal-des-logis de la gendarmerie de Belleville :

Je soussigné, Girard, maréchal-des-logis de gendarmerie de Belleville (Seine), commandant la brigade de gendarmerie de cette ville, certifie que le 25 mars 1848, faisant une tournée de service sur les buttes Chaumont, où travaillent à la terrasse tous les ouvriers sans ouvrage au nombre d'environ 2,000, payés par la commune pour faire le tracé et le nivellement de l'ouverture d'une rue traversant lesdites buttes.

J'ai trouvé, sur les une heure de relevée, M. Jouye, ingénieur et agent-voyer de cette ville, chargé par M. le Maire de diriger les travaux de ladite rue, aux prises avec plusieurs de ces ouvriers au sujet d'un placard affiché par eux sur les travaux, par lequel ils réclamaient une augmentation de salaire et excitaient à la révolte ; que M. Jouye, comme étant leur chef, a arraché et détruit ce placard comme provoquant au désordre. Cet acte d'énergie ayant exaspéré un certain nombre d'entre eux, il n'a dû qu'à notre intervention de ne pas être précipité dans un fontis de carrière d'environ dix mètres de profondeur, ce qui eût infailliblement causé un événement. L'effervescence passée, M. Jouye a fait preuve d'énergie et de courage en continuant de faire exécuter ses travaux sans avoir cédé à aucune espèce d'intimidation.

Belleville, 27 mars 1848.

Signé : GIRARD

La signature apposée cicontre est bien celle du sieur Girard, maréchal-des-logis de gendarmerie.

Le Maire,
Signé : DESNOYERS.

Belleville, le 18 décembre 1857.

Dans la même année, le 2 mai, par M. Courty, secrétaire général de la mairie de Belleville :

Le soussigné, chef des bureaux de la mairie de Belleville, atteste que M. Jouye, agent-voyer de cette ville, a dirigé seul, en 1848, les travaux exécutés sur le territoire de Belleville par les ouvriers des ateliers de la commune, dont l'effectif s'élevait à 2,863 hommes et enfants.

Que M. Jouye n'a reçu aucun traitement particulier pour la rémunération de ce pénible service dont l'avait chargé l'administration municipale.

Que ce service nécessitait de sa part un surveillance des plus actives, et a exigé, pendant toute la durée des travaux, sa présence continuelle dans les ateliers;

Que les efforts constants de M. Jouye pour maintenir l'ordre parmi les ouvriers, ou pour en obtenir un labeur consciencieux et le plus profitable possible à la commune, souvent mal appréciés par les meneurs et les mutins, lui attirèrent l'inimitié de ceux-ci, qui lui suscitèrent journellement toutes sortes de tracasseries en excitant les masses de travailleurs à la rébellion et à l'émeute, et en proférant contre lui à chaque instant des menaces de mort;

Que la lutte qu'il eut à soutenir le 25 mars dernier, à laquelle mit fin l'heureuse intervention de M. le maréchal-des-logis de la gendarmerie, n'est qu'un épisode des scènes violentes qui se renouvelèrent chaque jour.

Le soussigné, qui a une parfaite connaissance des faits ci-dessus signalés, et particulièrement du courage, du dévouement et du désintéressement dont M. Jouye fit preuve dans l'accomplissement de sa périlleuse mission, a dressé la présente attestation pour rendre hommage à la vérité et donner à M. Jouye un sincère témoignage de son estime.

Fait à Belleville le 2 mai 1848.

Signé : J. COURTY
Secrétaire général de la Mairie.

La signature apposée ci-contre est bien celle de M. Courty, ancien secrétaire de la mairie de Belleville,

Belleville le 18 décembre 1857.

Le Maire,
Signé : DESNOYERS.

En 1853, le 9 février, par M. Godey, ex-adjoint, maire de Belleville :

Je certifie, comme adjoint à la mairie de Belleville, à l'époque des événements de décembre 1851, qu'ayant appris qu'on désarmait à domicile dans divers quartiers de la commune, j'ai, en l'absence du maire (qui était hors de la commune), donné l'ordre de commander à domicile la garde nationale, qui répondit à cet appel d'une manière générale. Tout le monde, officiers et soldats, a fait son devoir.

La 4e compagnie, ses officiers en tête, au nombre desquels figurait M. Jouye comme lieutenant, a fait une patrouille dans la commune ; elle a rencontré quelques égarés qui commençaient une barricade, elle les a dispersés et en a même arrêté quelques-uns.

C'est pourquoi je donne le présent certificat au sieur Jouye, pour lui servir en temps et besoin.

Belleville, le 9 février 1853.

Signé : GODEY
Ex - adjoint, Maire,
Propriétaire, 21, rue de Paris, à Belleville.

Vu pour la légalisation de la signature de M. Godey apposée ci-dessus.

Le Maire de Belleville,
Signé : DESNOYERS.

Dans la même année, le 4 août, par M. Pentray, propriétaire :

Je soussigné Pentray, membre du conseil municipal, propriétaire et marchand de bois, demeurant à Belleville, rue des Amandiers, 35,

Certifie que le 4 août 1853, à 2 heures de relevée, le feu s'est déclaré dans la cave de ma maison et qu'à la première alerte, M. Jouye, capitaine des sapeurs-pompiers de la commune, y est accouru avec sa pompe, accompagné de plusieurs hommes de sa compagnie ;

Que, s'étant de suite mis à manœuvrer, ils se rendirent maîtres du feu après deux heures d'un pénible travail ;

Que, pendant le sauvetage, le capitaine JOUYE et le caporal Maguerot ont été remontés de la cave presque asphyxiés, où ils étaient depuis plus d'une demi-heure occupés à éteindre le foyer du feu.

Que ce fut par les soins de M. Bodard, médecin, demeurant rue de la Mare n° 108, qui se trouvait sur le lieu du sinistre, qu'ils reprirent connaissance et revinrent à eux. Je n'ai que des éloges à adresser à M. JOUYE et à la compagnie pour le zèle et l'activité dont ils ont fait preuve pour éteindre ce feu qui présentait un grand danger.

M. Pommier, maire de Belleville, le commissaire de police, les gendarmes et les agents étaient présents et témoins des faits ci-dessus signalés.

En foi de quoi j'ai envoyé ce certificat à M. JOUYE, pour le remercier, en le priant de vouloir bien remercier sa compagnie pour moi. »

Signé : PENTRAY.

Vu pour la légalisation de la signature du sieur Pentray apposée ci-contre :

Belleville, le 1er février 1857.

Le Maire,
Signé : DESNOYERS

Lettre du même :

« *A M.* JOUYE, *capitaine des sapeurs-pompiers de la ville de Belleville* (Seine).

Monsieur,

Afin de vous éclairer sur les sinistres qui pendant plusieurs jours ont causé l'alarme dans le pays, je vous envoie ci-joint le détail. Le premier incendie a commencé le 15 juillet dans les lieux d'aisances construits en planches rue Duris n° 9 ; le 2 août, à neuf heures et demie du soir, dans la cave de mon locataire, M. Levilly; le 4 août, à deux heures de relevée, dans ma cave; dans la nuit du 4 août, dans le fond de mon chantier de bois; le 5 août, à une heure et demie de relevée, cave de M. Goutchot; à 4 heures, reprise du même feu ; le 6 août, à une heure de relevée, derrière l'atelier de menuiserie; à 3 heures, au fond de mon chantier ; à 4 heures, sous l'escalier, et, à la même heure, au fond, en face; le 7, à huit heures reprise du feu chez M. Levilly.

C'est par votre empressement et celui des braves sapeurs de votre compagnie que je dois la conservation de mon établissement et de ma propriété.

Je vous remercie sincèrement d'avoir combattu pendant plusieurs jours de suite la malveillance qui s'obstinait à vouloir la destruction du quartier,

Car je considère , par la quantité d'aliments combustibles que contient mon chantier de planches, que j'étais le point de mire.

Acceptez ma reconnaissance, mes remerciements.

Votre tout dévoué

Signé : PENTRAY.

Vu pour la légalisation de la signature du sieur Pentray apposée ci-contre.

Belleville le 1er févier 1853.

Le Maire,
Signé : DESNOYERS

Dans la même année, le 18 août, le docteur Bodard, qui avait soigné M. Jouye, lui adressait ce certificat :

Je soussigné, Bodard, médecin, demeurant rue de la Mare, n° 108, à Belleville.

Certifie que M. Jouye, capitaine des sapeurs-pompiers, s'est trouvé asphyxié en portant des secours au feu de cave qui s'est déclaré chez M. Pentray, rue des Amandiers, n° 35, à Belleville, le 4 août 1853, et qu'il a été remonté de la cave, où il était depuis une heure occupé à éteindre le foyer du feu. Je lui ai donné tous les soins que réclamait son état et l'ai rappelé à la vie.

Les autorités étaient présentes.

Signé : BODARD

Médecin du corps médical de la Société des
Sauveteurs de la Seine. »

Vu pour légalisation de la signature du sieur Bodard apposée ci-contre.

Belleville, le 1er février 1857,

Le Maire,
Signé : DESNOYERS.

En 1855, le 11 septembre, par M. **Micol**, maire du XIXe arrondissement :

Je soussigné, Emile-Henri Micol, ancien maire de la commune de Belleville, aujourd'hui maire du XIXe arrondissement de la ville de Paris, certifie qu'il est à ma connaissance que, dans la matinée du 11 septembre 1855, deux ouvriers du sieur Halary, maître maçon, employés à creuser une cave dans la maison située chaussée Ménilmontant, n° 44, à Belleville, ont été ensevelis sous les décombres provenant d'un éboulement.

Que M. Jouye, capitaine des sapeurs-pompiers s'est transporté immédiatement sur les lieux et a dirigé le sauvetage.

Enfin, que ces deux ouvriers ont été retirés, l'un vivant, l'autre mort.

Signé : E. MICOL.

En 1857, le 22 septembre, par M. le maire de Belleville :

Mon cher Capitaine,

J'ai été témoin de toute votre sollicitude pour le malheureux Haguin, enseveli le 19 de ce mois par son imprudence, sous les décombres du puits qu'il avait entrepris de démolir, 67, chaussée Ménilmontant, à Belleville.

Grâce à votre énergie et à l'intelligence dont vous avez fait preuve dans les dispositions prises, le sauvetage a été fait. Aucun des nouveaux malheurs que l'on pouvait craindre n'est arrivé, et c'est pour moi une véritable satisfaction de vous remercier du zèle infatigable que vous avez déployé pendant sept heures pour lui conserver la vie.

Cette circonstance vient encore ajouter à l'affection que déjà je vous portais et que vous savez si bien mériter.

Recevez l'assurance de mes sentiments affectueux,

Le Maire,
Signé : DESNOYERS.

Dans la même année, le 24 septembre, par M. Jullet, commissaire de police :

Je soussigné, commissaire de police chargé de la deuxième section de Belleville, certifie que, le 19 septembre 1857, M. JOUYE, capitaine des sapeurs-pompiers de Belleville, a, en ma présence et celle de MM. Desnoyers, maire, Depille, curé, et d'une grande partie des habitants de la section, dirigé le sauvetage du nommé Haguin, ouvrier terrassier, enseveli dans le puits de la maison n° 67, chaussée Ménilmontant, à Belleville, à la suite d'un double éboulement ; que c'est après neuf heures d'un pénible travail, qu'il est parvenu, avec le concours d'autres travailleurs, à l'arracher vivant à une mort certaine, car indépendamment de son mauvais état, ce puits était empoisonné.

Je me plais à reconnaître que les témoignages de reconnaissance que les spectateurs ont fait entendre par leurs applaudissements et leurs bravos, en voyant le sieur Haguin sortir du puits, étaient mérités et démontraient l'intelligence dont M. Jouye a fait preuve par tous les moyens qu'il a employés.

C'est pourquoi je lui ai délivré le présent aux fins de droit.

Belleville, ce 24 septembre 1857.

Le Commissaire de police,
Signé : JULLET.

Incendie de la Villette.

En 1858, le 10 août, la compagnie des sapeurs-pompiers de Belleville, commandée par son capitaine M. Jouye, est arrivée une des premières sur les lieux du sinistre, 7 heures du soir, et n'a quitté que le lendemain matin, 6 h. 1/2.

(Voir le rapport du capitaine et le compte rendu des journaux de l'époque).

En 1858, le 17 août, par M. le maire de Belleville :

Je m'empresse, mon cher capitaine, de vous transmettre la lettre du sieur Aubert, et c'est avec satisfaction que je vois l'empressement que vous avez mis de nouveau dans cette circonstance à vous rendre utile.

Recevez mes salutations respectueuses.

Le Maire,
Signé : DESNOYERS.

Copie de la lettre sus-mentionnée adressée par M. Aubert à M. le maire de Belleville :

Belleville, le 17 août 1858.

Monsieur le Maire,

J'ai l'honneur de vous faire connaître que madame Hippolyte Lazare, locataire de la maison dont je suis propriétaire, passage de l'Alma, n° 19, dans laquelle maison il existe un puits mitoyen avec le sieur Dumonteil, propriétaire et entrepreneur, qui avait seul l'entretien du puits non achevé, est tombée ce matin, vers dix heures, dans ce puits, en tirant de l'eau, par suite de la rupture d'une mauvaise corde qui attachait la poulie à la barre de traverse.

A la première alerte, M. Jouye, capitaine des sapeurs-pompiers, M. Hippolyte Lazare, mari de ladite dame, et moi, sommes arrivés sur les lieux les premiers et avons commencé le sauvetage, aidés de plusieurs personnes qui sont arrivées.

Le nommé Deschamps, cordonnier, demeurant passage d'Isly, n° 22, à Paris, est descendu dans ce puits et a soigneusement attaché cette pauvre femme à la corde que nous tenions ; dix minutes après, nous avions le bonheur de la remonter vivante, puis nous remontâmes le courageux Deschamps.

M. Jullet, commissaire de police de Ménilmontant, que M. Jouye avait fait prévenir, est arrivé sur les lieux, a dressé procès-verbal de ces faits et a envoyé chercher un médecin.

Tous les assistants ont admiré le courage de cette pauvre femme, qui, après être tombée dans ce puits, qui n'a pas moins de 8 mètres 50 centimètres, a eu l'énergie de se retourner, de sortir de l'eau et de se tenir, pendant les préliminaires de sauvetage, à la surface, sans perdre son sang-froid.

Il est dû des remerciements au sieur Deschamps, qui n'a pas hésité à descendre dans ce puits, et à M. Jouye, qui lui-même voulait y descendre, et à qui on a fait observer qu'il serait plus utile à l'orifice du puits pour diriger le remontage.

Il en est dû aussi à plusieurs personnes dont je regrette de ne pouvoir citer les noms.

J'ai l'honneur d'être, Monsieur, votre très humble serviteur.

Signé : AUBERT.

Propriétaire de la maison.

J'affirme que les faits ci-dessus sont exacts et qu'ils se son tous passés comme il est dit avec sincérité.

Signé : Hippolyte LAZARE.

Certifions que les faits énoncés d'autre part sont parfaitement exacts.

Le Commissaire de police,
Signé : JULLET.

Belleville, ce 15 décembre 1858.

En 1859, le 29 octobre, par M. François, propriétaire :

Je soussigné, François, peintre en bâtiment et propriétaire de la maison située à Belleville, rue de la Mare, n° 54, y demeurant.

Déclare que le feu a pris le 25 octobre 1859, à dix heures du soir, dans le magasin de fourrages que j'ai loué à M. Biolacque, magasin qui n'est séparé de mon atelier de peinture que par une faible cloison en bois ; et qu'à la première alerte et au commencement du feu, M. Jouye, capitaine-commandant des sapeurs-pompiers de la ville de Belleville, y est accouru avec sa pompe, traînée par lui et deux soldats qu'il avait requis au poste de Ménilmontant, et qu'il attaqua immédiatement le feu dans son foyer.

Quelques instants après son arrivée, je le prévins que le feu pénétrait dans mon atelier de peinture, où se trouvaient des bouteilles (dames-jeannes) remplies d'huile et d'essence. Il me répondit : « Eh bien, entrons-y et sauvons-les, car, si le feu les gagne, cela deviendra dangereux et difficile à éteindre. »

Nous y entrâmes, et tous deux nous enlevâmes les bouteilles et toutes les matières inflammables susceptibles d'alimenter le feu qui y était.

C'est donc grâce à l'énergie et au dévouement de M. Jouye, que nous n'avons pas eu de plus grands malheurs à déplorer.

Je certifie aussi que, pendant ce temps, les autres sapeurs, dirigés par le sous-lieutenant Jacob et le sergent-major Renon, attaquèrent résolûment le feu dans son foyer, et que leur courage et leur zèle a été au-dessus de tout éloge ; à une heure du matin le feu était éteint.

Il est dû aussi des éloges à M. le commissaire de police de Ménilmontant, qui, assisté de ses agents et de la gendarmerie, a contribué énergiquement à l'extinction de cet incendie et au maintien de l'ordre.

Belleville, le 29 octobre 1859.

Signé : FRANÇOIS (Charles).

Vu pour certificat de la signature François ci-dessus.

Paris, ce 25 mars 1860.

Le commissaire de police du quartier de Belleville,
Signé : JULLET.

En 1860, le 26 mars, par M. Plion, cocher :

Je soussigné, Joseph Plion, cocher, demeurant à Paris, XVIIIe arrondissement, rue Amélie no 3, barrière Blanche;

Déclare et atteste :

Que le dimanche, 25 mars courant, comme je conduisais ma voiture de remise no 4,923, et que je me trouvais à la hauteur du no 29 de la rue des Moulins, XIXe arrondissement, ci-devant Belleville, mon cheval s'est emporté, et qu'après avoir parcouru toute cette rue et tourné dans celle de Paris, il a été arrêté dans cette dernière, en face du no 96, par M. Jouye, propriétaire, qui, au moment où ma voiture allait en accrocher une autre, s'est jeté courageusement, et sans calculer le danger auquel il s'exposait, au-devant de mon cheval, et l'a saisi par la tête.

Grâce à cet acte de dévouement de M. Jouye, et à l'assistance qu'il a reçue de MM. Tourde, marchand de charbon, rue de la Mare, no 4, et Debarle, maréchal-ferrant, à Bagnolet, j'ai pu reprendre et conduire ma voiture sans avoir à déplorer aucun malheur.

Signé : PLION (Joseph).

Vu pour certification de la signature Plion (Joseph), apposée ci-dessus.

Le commissaire de police du quartier des Grandes-Carrières
Signé : (Illisible)

Témoins des faits énoncés ci-contre. Nous soussignés, affirmons qu'ils sont exacts, car c'est nous qui sommes venus au secours de M. Jouye, que le cheval entraînait.

Signé : TOURDE, DEBARLE.

Vu pour certification des signatures TOURDE et DEBARLE, ci-contre.

Paris, ce 24 avril 1860.
Le commissaire de police du quartier de Belleville,

Signé : JULLET.

Dans la même année, le 15 avril, par M. Bouton, commandant du 30e bataillon de la garde nationale :

Le chef de bataillon soussigné, qui depuis plus de seize ans fait partie de la garde nationale de Belleville, comme lieutenant, capitaine et chef de bataillon,

Certifie qu'il a une parfaite connaissance que M. JOUYE, ingénieur-géomètre, a été incorporé en 1845 dans la compagnie des Voltigeurs, dans laquelle j'étais lieutenant ; qu'en avril 1848, il a été nommé par l'estime, de ses concitoyens, lieutenant de la 4e compagnie ; et qu'en mars 1852, S. M. l'Empereur l'a nommé capitaine des sapeurs-pompiers de la ville de Belleville, fonctions qu'il a remplies toujours avec zèle et dévouement, en donnant chaque jour des preuves en se portant sur le lieu des sinistres pour secourir ses concitoyens.

Il certifie en outre que, depuis 1845, M. le capitaine JOUYE s'est trouvé à toutes les prises d'armes qui ont eu lieu dans la ville de Belleville, pour le maintien de l'ordre et la répression des émeutes ; qu'il jouit de l'estime des autorités, de tous ceux qui le connaissent et particulièrement de la mienne.

C'est pourquoi je lui ai délivré le présent certificat, qui atteste ses services dans la garde nationale jusqu'à ce jour, époque de la dissolution du corps des pompiers.

Belleville, le 15 avril 1860.

Le chef du 30e bataillon,
Signé : A. BOUTON.

COPIES

DES

**Articles de différents journaux relatant les actes
de sauvetage dirigés par M. JOUYE.**

On lit dans le journal *le Constitutionnel,* du 23 septembre
1857 :

Nous recevons d'un témoin oculaire de nouveaux détails
sur l'événement arrivé samedi dans la rue de Ménilmontant,
à Belleville. Les travaux entrepris pour la délivrance de
l'ouvrier enseveli au fond du puits n'ont pas duré moins de
sept heures ; ils ont été dirigés avec habileté par M. JOUYE,
ingénieur civil, capitaine des sapeurs-pompiers de Belleville.
Un second éboulement s'est produit lors d'une descente de
plusieurs ouvriers, et on a craint un moment d'avoir à déplorer un plus grand malheur.

Mais grâce au zèle déployé par M. JOUYE et les nommés :
Boulay, serrurier, Ledanois, Kuntz, Pierrin, soldat au 88e de
de ligne, Bureau, Renon, Laberrie, marchand forain, etc..,
on est enfin arrivé à dégager l'ouvrier enseveli, et les habitants
de Belleville, vivement émus par cet événement, n'ont eu qu'à
adresser des éloges aux hommes dévoués et courageux dont le
concours mérite d'être signalé.

On lit dans le même journal, le 11 avril 1858 :

Hier, à huit heures et demie du soir, un incendie s'est
déclaré à Belleville, boulevard des Amandiers, n° 48, chez
M. Colard. La maison, une écurie, surmontée d'un grenier à

fourrages, où le feu s'est déclaré, sont devenus la proie des flammes, malgré la promptitude des secours. Trois chevaux renfermés dans l'écurie ont pu être sauvés.

Le rapport du capitaine des sapeurs-pompiers de Belleville, M. Jouye, signale le zèle et l'activité montrés par M. Jullet, commissaire de Ménilmontant, et par le caporal Anroux et les sapeurs Loiseaux, Gillon et Brisemontier.

On lit dans le journal *la Patrie*, du 13 août 1858 ·

Les pompiers de Belleville, sous les ordres de leur capitaine M. Jouye, se sont distingués ; le caporal Varin, chevalier de la Légion d'honneur et ex-pompier de Paris, s'est porté sur les points les plus dangereux ; il a eu les deux pieds assez dangereusement brûlés. Un ex-zouave et décoré de la médaille militaire, le sieur Cretonnier, a été blessé à la jambe en portant, avec le capitaine Jouye, secours à deux travailleurs que la fumée étouffait.

On lit dans le *Siècle* du 15 août 1858 :

A l'incendie de la Villette, le capitaine Jouye, des sapeurs-pompiers de Belleville, arrivé un des premiers sur le théâtre de l'incendie, n'en est parti que l'un des derniers, à sept heures et demie du matin ; il a puissamment coopéré à préserver le magasin d'esprits du quai de la Loire, 12. M. Boittelle, préfet de police, montait jusque sur les piles des bois enflammés pour encourager les travailleurs. Le caporal Voisin, des pompiers de Belleville, chevalier de la Légion d'honneur, a eu les pieds brûlés.

On lit dans le même journal du 27 octobre 1859 :

Près de la petite église de Ménilmontant, au pied des hauteurs où plonge le chemin de fer de ceinture et que couronnent les maisons de Belleville avec leurs jardins, s'élève un quartier neuf, dont les habitations, au fur et à mesure qu'on les termine, sont immédiatement occupées du rez-de-chaussée à la girouette ; c'est dans ce quartier de construction que s'ouvre le passage de l'Alma, à la place où naguère encore on ne voyait que champs de framboises et de groseilles.

Au n° 19 de ce passage existe un puits mitoyen qui n'est pas encore achevé, et dont on se sert néanmoins pour les besoins de la maison. Hier, vers les dix heures du matin, la dame L..., une des locataires, était en train de tirer de l'eau au puits en question, lorsque la poulie, qui n'est fixée que provisoirement après une traverse, se décroche tout à coup et tombe avec le seau plein d'eau, entraînant dans l'abîme la pauvre femme qui tenait la corde à deux mains. Malgré le rapide trajet qu'elle vient de faire la tête en bas, la dame L..., une fois arrivée au fond du gouffre, conserve assez de présence d'esprit pour se relever, parvient à se maintenir le haut du corps émergé et se met à appeler au secours de toutes ses forces.

A ce cri d'alarme, les voisins accourent, et reconnaissant de quoi il s'agit, s'empressent d'aller chercher M. Jouye, capitaine des sapeurs-pompiers, lequel se rend aussitôt sur le lieu de l'accident.

Après avoir pris toutes ses mesures pour ordonner le sauvetage, il se préparait à descendre lui-même dans le puits, lorsqu'un brave cordonnier, le sieur Deschamps, qui se trouvait parmi les spectateurs, fait observer qu'il serait beaucoup plus sage de laisser l'officier des pompiers surveiller l'opération, tandis qu'un autre ferait la descente, et il s'offre pour effectuer le périlleux voyage. L'ouvrier se met donc en route aussitôt ; il parvient auprès de la dame L..., que ses forces commençaient à abandonner; il lui passe autour du corps un drap qu'il avait emporté, donne le signal de remonter, et la pauvre dame arrive enfin en haut, où elle est reçue par le médecin que M. Jouye avait envoyé chercher. Une fois ceci fait, on descendit une seconde fois le câble sauveteur, et l'on remonta l'ouvrier, qui, à son retour, fut salué par les applaudissements de la foule.

On lit dans le même journal du 27 octobre 1859 :

Avant-hier au soir, à l'heure où tout bourgeois paisible est en train de faire son premier somme, les habitants de la rue de la Mare, à Ménilmontant, sont réveillés en sursaut par une vive lueur qui pénètre dans leurs appartements silencieux. Aussitôt chacun saute du lit, on court dehors, et l'on s'aperçoit que le feu est au magasin de fourrages situé au n° 54, en face de la gendarmerie. Or, la situation était d'autant plus grave, qu'une boutique contiguë audit magasin est occupée par un peintre, dont les huiles et les essences étaient placées dans un endroit déjà atteint par les flammes et où personne n'osait pénétrer.

Heureusement que sur la place de l'Église, non loin de là, demeure M. Jouye, capitaine des sapeurs-pompiers, qui, averti dès le commencement, arrive bientôt au pas de course avec sa pompe, escorté de plusieurs soldats de la ligne qu'il était allé chercher au poste voisin.

Aussitôt rendu sur le lieu de l'événement, il prend connaissance de la position, et jugeant tout d'abord que c'est le magasin de peinture qui rend le danger plus imminent, il y pénètre suivi de quelques hommes de bonne volonté, il opère le déménagement des tourilles avec un soin extrême, car il fallait avant tout éviter la casse, et puis il inonde la boutique pour empêcher le feu d'aller plus loin de ce côté.

Cependant le lieutenant Jacob, étant sur ces entrefaites arrivé avec ses hommes et une pompe, se met en communication avec le capitaine Jouye, qui lui fait attaquer de front l'incendie, tandis que lui-même, par une trouée pratiquée dans le mur, pénètre dans la partie non enflammée du magasin de fourrages dont il fait enlever le foin et la paille. Enfin, grâce au zèle des assistants, qui tous ont payé de leur personne, à deux heures du matin, on était maître du feu, et, à trois heures, tout était fini.

On lit dans le même journal, du 29 mars 1860 :

Avant-hier, vers midi, la voiture de remise n° 4923 était stationnée dans le haut de la rue des Moulins (XIXᵉ arrondissement), lorsque le cheval prend le mors aux dents et part à fond de train, sans que le cocher, qui avait mis pied à terre, ait eu le temps de l'arrêter. Après avoir parcouru de la sorte toute cette rue, la bête emportée était rentrée dans la rue de Paris et courait ventre à terre, jetant partout l'épouvante, lorsque M. Jouye, ingénieur civil, qui venait en sens opposé, se campe résolûment sur son passage, attend, puis, quand il le voit arriver sur lui, ouvre tout à coup son parapluie et profite de la stupeur que cette subite apparition produit sur la bête pour la prendre à la gourmette. Mais le cheval, une fois revenu de sa surprise, veut reprendre sa course furieuse, entraînant celui qui l'a arrêté, et qui sans doute n'aurait pu le maintenir long-temps, si un maréchal-ferrant, Debarle, qui passait par là, et plusieurs autres personnes, n'étaient arrivés aussitôt pour prêter main-forte. Grâce à cette prompte intervention, il n'est arrivé aucun accident.

On lit dans le journal *la Patrie,* du 30 mars 1860 :

Dimanche, vers midi, la voiture de remise n° 4923 était stationnée dans le haut de la rue des Moulins (XIX° arrondissement), lorsque le cheval prend le mors aux dents et part à fond de train, sans que le cocher, qui avait mis pied à terre, ait eu le temps de l'arrêter. Le cheval emporté était déjà dans la rue de Paris et courait ventre à terre, jetant partout l'épouvante, lorsque M. Jouye, ingénieur civil, qui venait en sens opposé, se campe résolûment sur son passage, puis, quand il le voit arriver sur lui, ouvre tout à coup un parapluie, et profite de la stupeur que cette subite apparition produit sur la bête pour la prendre à la gourmette. Mais le cheval, une fois revenu de sa surprise, veut reprendre sa course furieuse entraînant celui qui l'a arrêté, et qui sans doute n'aurait pu le maintenir longtemps, si un maréchal-ferrant, le sieur Debarle, qui passait par là, et plusieurs autres personnes n'étaient arrivés aussitôt pour prêter main-forte. Grâce à cette prompte intervention, il n'est arrivé aucun accident.

On lit dans le *Moniteur universel* du 8 juin 1860 :

M. Jouye (Auguste-Pierre), capitaine des sapeurs-pompiers de Belleville, a obtenu une médaille d'honneur de 2° classe pour s'être distingué dans des incendies, 21 ans de services, et avoir exposé ses jours dans plusieurs circonstances.

On lit dans le même journal du 21 août 1867, à l'article des nominations :

M. Jouye, capitaine du 30ᵉ bataillon de la garde nationale de Paris, est nommé chevalier de la Légion d'honneur, 35 ans de services militaires et civils.

On lit dans le *Siècle* du 17 décembre 1870 :

Depuis plusieurs jours, le fort de Montrouge ne cesse de tirer par intervalles ; ce sont les nouvelles pièces de sept que l'on essaye. Comme nous n'avons pas le moyen de tirer notre poudre aux moineaux, on tire sur les Prussiens.

On nous informe que parmi les bataillons de guerre de la garde nationale qui figuraient au combat du 2, et que le général Trochu a félicités sur le champ de bataille, on a oublié de citer le 57ᵉ (1) du XIᵉ arrondissement, que commandait le capitaine Jouye, faisant fonction de chef de bataillon.

On lit dans le *National* du 17 juillet 1873 :

A travers Paris. — Le chemin de fer métropolitain, destiné à desservir toute la grande banlieue, doit avoir, on se le rappelle, quatre débarcadères à Paris, dont un sur la place du Château-d'Eau.

L'emplacement de ce dernier ayant donné lieu à quelques contestations entre la Compagnie concessionnaire et les habitants du XIᵉ arrondissement, la question n'est pas encore résolue.

C'était la rue de la Douane que la susdite compagnie s'était

____

(1) C'est le premier bataillon qui, sur l'ordre du Général, a passé la Marne.

d'abord proposé de prendre pour point de départ ; mais ce choix n'ayant pas satisfait les habitants du quartier, l'ingénieur préposé aux études d'ensemble offrit de prendre pour tête de ligne les bâtiments des Magasins-Réunis.

La commission chargée des intérêts de l'arrondissement rejeta encore cette seconde proposition, et présenta un contre-projet de M. JOUYE-ROUVE, un de ses membres, tendant à reculer cet embarcadère jusqu'au boulevard Richard-Lenoir, en face le café Ba-Ta-Clan.

L'édifice et ses annexes, dont la superficie serait de 14,000 mètres, et pourrait être portée à 18,000, formerait un parallélogramme circonscrit par les rues du Marché-Popincourt, Ternaux, par le passage Popincourt et le boulevard Richard-Lenoir; la ligne commencerait à entrer en tunnel sous l'avenue Parmentier.

Les trois autres débarcadères du chemin de fer métropolitain seront à la place des Martyrs, à l'esplanade des Invalides et sur le quai de Montebello, près le port de l'Archevêché.

COPIES

DE

Lettres adressées à M. JOUYE par diverses Autorités et de notes qui lui ont été données.

Le 10 avril 1841, par M. le colonel, comte Borgàrelli d'Ison :

Je vous verrai avec grand plaisir, mon cher JOUYE; venez me voir demain matin vers onze heures.

C'est à cette heure-là qu'on est le plus sûr de me trouver tous les jours.

Recevez l'assurance de mon attachement.

> Votre ancien colonel et camarade,
> *Signé :* Comte BORGARELLI D'ISON.

Paris, 10 avril 1841.

Apostille du même, sur une demande qu'il a adressée au ministre :

Le soussigné, ancien colonel du 16e régiment de ligne. certifie que le sieur JOUYE est entré dans ce corps comme jeune volontaire en 1830, qu'il était parvenu au grade de sergent-major, et qu'il aurait avancé dans la carrière si ses affaires particulières ne l'avaient obligé à quitter le service.

> *Signé :* Le Colonel Comte BORGARELLI D'ISON,
> Membre du Conseil Général du Calvados.

Le 25 avril 1849, par M. le maire de Belleville :

Nous, maire de la ville de Belleville, soussigné, invitons M. Jouye, agent-voyer communal, à se rendre dans les cavages des carrières d'Amérique, pour y constater les empiètements de l'exploitation qui pourraient avoir lieu sous les chemins publics ou propriétés privées. Il pourra être assisté de M. Dubois, géomètre, chargé de pouvoirs de divers propriétaires voisins, et requérir au besoin M. le commissaire de police pour l'accomplissement de sa mission.

Belleville, le 24 avril 1849.

Signé : CHAUMONT.

Le 11 février 1856, par M. le capitaine des Sapeurs-Pompiers de Charonne.

A Monsieur Jouye, capitaine des sapeurs-pompiers de Belleville :

Monsieur le Capitaine,

Veuillez recevoir mes remerciements bien sincères pour l'empressement que vous avez mis à porter secours dans l'incendie qui a éclaté dans ma commune pendant la nuit du 8 au 9 de ce mois.

Soyez mon interprète auprès de vos sapeurs, qui ont comme toujours fait preuve de zèle.

Agréez, Monsieur, l'assurance de ma reconnaissance et de ma parfaite considération.

Charonne, le 11 février 1856.

Signé : E. LEMAITRE,
Capitaine aux sapeurs-pompiers de Charonne.

Le 6 avril 1861, par M. le maire du IXe arrondissement :

(Lettre jointe à l'envoi d'une médaille)

J'ai l'honneur de vous prier, au nom du Bureau de bienfaisance du XIXe arrondissement, de recevoir cette médaille et nos remerciements les plus vifs pour l'empressement que vous avez bien voulu mettre à faire la quête au profit de nos pauvres. Il faut, je l'avoue, Monsieur, avoir le désir et tout le dévouement que vous mettez à faire le bien pour avoir rempli une mission si pénible, qui n'a pour toute récompense que le bonheur que trouve une âme aussi élevée que la vôtre à être utile aux malheureux ; aussi le Bureau ne pouvait-il faire un meilleur choix.

Veuillez, Monsieur, agréer avec ma reconnaissance personnelle l'expression de mes sentiments distingués.

Le maire du XIX⁰ arrondissement, président du Bureau de bienfaisance.

Signé : E. MICOL.

Le 15 septembre 1867, par MM. les officiers, sous-officiers et soldats de sa compagnie lui adressant l'invitation suivante :

A Monsieur Jouye, chevalier de la Légion d'honneur, capitaine de la 7ᵉ compagnie du 30ᵉ bataillon.

Capitaine,

A l'occasion de votre nomination dans la Légion d'honneur, la 7ᵉ compagnie a désiré offrir à son capitaine une marque toute particulière de son affectueux attachement.

Les soussignés sont heureux d'être en cette circonstance l'organe de leurs camarades en vous priant de vouloir bien accepter le banquet que la 7ᵉ compagnie a décidé de vous offrir jeudi prochain, 19 courant, à six heures du soir, à Trianon.

M. le commandant a bien voulu accepter l'invitation qui lui a été faite d'assister à cette fête de famille.

Veuillez bien recevoir nos plus cordiales salutations.

Signé : JACQUEMOT, lieutenant ; BAUNY, sous-
lieutenant ; BOUTIN, TRESSALET, DE-
LAUNE, LALANDE, LABAINVILLE, CHA-
RASSAIN ; ROUZEAU, sergent-major ;
NÉRAT, caporal ; DUVILLER, membres de
la Commission du banquet.

NOMINATION DE FRANC-MAÇON

En 1836, le 25 février, il fut reçut franc-maçon de la Loge des Enfants de la Loire, Orient de Tours (Indre-et-Loire).

Copie du diplôme qui lui a été délivré :

A LA GLOIRE DU G.·. A.·. DE L'U.·.

AU NOM ET SOUS LES AUSPICES DU G.·. O.·. DE FRANCE

A TOUTES LES ⌑ .·. RÉGULIÈRES

UNION.·. FORCE.·. SALUT.·.

Nous, Vénérables et Officiers de la R .·. ⊡ Saint-Jean, sous le titre distinctif des Enfants de la Loire, régulièrement constitués à l'O.·. de Tours (Indre-et-Loire), et assemblés par les N.·. M.·., connus des seuls V.·. M.·.

Déclarons, certifions et attestons que le T.·. C.·. F.·. JOUYE, (Auguste-Pierre), âgé de 27 ans, natif de Tours, département d'Indre-et-Loire, est membre de notre R.·. ATT.·. au 3ᵉ grade symbolique ; que la régularité de sa conduite, ses bonnes mœurs et son exactitude aux travaux, nous l'ont rendu cher et recommandabfe. Prions tous les M.·. réguliers, tant des OO.·. de France que de ceux étrangers, de reconnaître ledit F.·. JOUYE (Auguste-Pierre), dans lesdites qualités, lui accorder la considération qui lui est due et lui porter tous les secours dont il pourrait avoir besoin, comme nous aurions la satisfaction de le faire pour eux-mêmes.

En foi de quoi nous lui avons accordé le présent certificat.

Fait et délivré à notre O.·. de Tours, le 25 J.·. du mois de l'an V.·. L.·. 5835, ère vulgaire le 25 février 1836. Signé de nous, contresigné de notre secrétaire et revêtu du sceau et timbre de notre

Architecture, pour avoir plein et entier effet après la confrontation de la signature dudit F.·., qu'il a apposée devant nous.

Le Vénérable :	1er survt. :	2e survt. :
LECŒUVRE.	RIBOU.	MICHAU.
R.·. X.·.	M.·.	M.·.

Garde des sceaux et timbre
BLANCHET   JOUYE fils.
M.·.   C.·. R.·. C.·.

Par mandement de la R. Loge :
PORCHER.
C.·. R.·. X.·.

Suivent les autres signatures, au nombre de 32.

Vu et fraternellement accueilli
par la R.·. L.·. de l'Amitié,
Or.·. de Boulogne, le 23e jour
de mai 5836 L.·. V.·. de 1836.
Signé : NOEL LEROY-ATUEBANT.
S.·.   V.·.

Vu et fraternellement
accueilli à la Loge
des Œus fidèles,
Or.·. de Strasbourg,
le 14 J.·. du 10 M.·.
5836.
Signé : ROSDERER.

NOTA. — Toutes les pièces désignées dans la présente Notice sont entre les mains de M. Jouye, et, comme il n'a ni enfants ni neveux, elles seront, à son décès, déposées aux Archives Nationales de France.

ÉTAT

DES SERVICES MILITAIRES DE SON PÈRE
M. JOUYE (URBAIN-RÉNÉ)
depuis le 10 *août* 1797, *jusqu'au* 8 *fructidor*
an X de la République (1ʳᵉ) *ou* 27 *août* 1802.

Copie du congé :

RÉPUBLIQUE FRANÇAISE

Congé absolu

Nous soussignés, membres du conseil d'administration de la 33ᵉ demi-brigade de ligne, certifions avoir donné congé absolu au citoyen Urbain Jouye, sergent de la 1ʳᵉ compagnie du 2ᵉ bataillon, natif de Tours, département d'Indre-et-Loire, âgé de 29 ans, taille d'un mètre 674 millimètres, cheveux et sourcils bruns, front haut, nez gros, bouche moyenne, menton rond, visage ovale, compris au registre matricule du corps sous le n· 973. Le présent congé arrêté en vertu de l'arrêté des consuls du 8 brumaire an X.

Lequel a servi en brave et honnête militaire et n'a contracté aucun acte de mariage qui soit parvenu à notre connaissance.

Fait à Paris, le 8 fructidor an X de la République Française.

Les membres du conseil d'administration :
Signé : Le chef de brigade, S. ROGUET; le lieutenant, LASOUCHE; le capitaine, DEMARLE ; le capitaine, ARCHAMBAULT; le capitaine, CHEFFERT ; le capitaine, MALIGNON ; le lieutenant, BERTIN.

Vu par Nous, inspecteur aux revues,

Signé : CHEVALLIER.

Approuvé par Nous, inspecteur général.
Signé : ED. MORTIER.

DÉTAIL DES SERVICES	CAMPAGNES
Caporal au 2ᵐᵉ bataillon d'Indre-et-Loire, le 10 août 1792. Sergent le 26 pluviôse an II.	Celles des années 1792, 1793, 2, 3, 4, 5, 6, 7, 8, aux armées du Nord, de de l'Ouest et d'Italie.

Certificat de bonne conduite

RÉPUBLIQUE FRANÇAISE

33ᵉ 1|2 Brigade   2ᵉ compagnie de fusiliers.

Nous, officiers, sous-officiers et soldats composant ladite compagnie, certifions que le citoyen Urbain JOUYE, sergent, a servi dans ladite demi-brigade depuis le 10 août 1792 jusqu'à ce jour, qu'il s'est comporté avec honneur et probité, qu'il emporte l'estime de ses chefs et de ses camarades.

Paris, le 9 fructidor an X de la République Française, Une et Indivisible.

Signé : DEMOISON, sergent; BOUCHET, sergent-major; PLAUVELT; OMAR, capitaine; BOUILLANT; PACHON, sergent; DELAPORTE, capitaine; VÉDY; CORMERY, sous-lieutenant; DEVILLE, sergent; CHARTIER, sergent; A. BINARD, sergent-major; BIAUTOIE, capitaine; CHARDON, sergent; MOREAU, capitaine; ROBERT, lieutenant; WERQUIN, sous-lieutenant; DESINEUR, sergent; A. THIERRY, adjudant-major; BERTIN, lieutenant; DE-CASTELLERY, lieutenant; BELIN, capitaine; PILLET, capitaine; RYAMELIN, sous-lieutenant; FROQUE, sergent-major; DURRU, adjudant; MAGOUBERT, sergent-major.

Vu par le Commandant de la compagnie,

Signé : ROUNET, chef de Bataillon.

Vu par le chef de Bataillon,
Signé : CARTIER.

Vu par le chef de brigade,
Signé : S. ROGUET

9-3510 Paris. Typ. Morris père et fils, imprimeurs brevetés, 64, rue Amelot.

MORRIS PÈRE & FILS IMPRIMEURS